ちくま文庫

# ときどきイギリス暮らし

井形慶子



筑摩書房

# 目次

私はさまざまな姿に変身した、
決まった形に落ち着くまでは。
私は細くて、斑入りの剣だった、
はっきりしたとき信じよう。
私は空中の涙だった、
私は輝きのない星だった、
私は手紙の中の文字だった、
私は出所が本だった。
私は提灯の光だった、
一年と半年の間。
私は道筋であり、鷲だった。
私は海のかご舟であった、
私は宴会ではおとなしくしていた。
私はにわか雨の一滴だった、
私は手で握られた剣だった、
私は戦場では楯だった。
私は竪琴の一本の弦だった。
九年間変装していた。
水の中、泡の中にいた。
私は火の中の海綿だった、
私は隠れ場所の木だった。

「タリエシンの書」より引用

# ときどきイギリス暮らし

*section*

1

# 青春の原点はバースから

「イギリスの若者は思いのほか質素ですから、あの国に行くのに何を着ていこうかとか、旅行カバンはどんなものがいいかとか、そういった類の事は一切考えないで下さい」

これは今から二十年前、私が十九歳で初めて渡英した時に、格安航空チケットを購入した旅行代理店の担当者から、何度も釘をさされた言葉だ。いよいよ出発も間近に迫っていたので、私は厳粛な思いでこの話を受けとめた。

当時大学生だった私は、のんべんだらりとした周囲の大学生のペースに、いつも言いようのないあせりを感じていた。女子大生がマスコミに注目されたはしりでもあったその頃、クラスメイトの大半の会話は、自分は「ノンノ」に載ったとか、あの喫茶店のインベーダーゲームが攻略しやすいといったことばかりだった。彼らは、ムキになってアルバイトを掛け持ちし、絶えず走り回っていた。その一つ一つに何か重要な目的や理由はなく、多分、一年後も同じように流れるままに生きているのだろうと思った。そんな中に自分が埋もれて無数の砂の一粒になってゆく実感は恐怖ですらあった。

大学二年生にさしかかっていた私は、どうせあと二年後には就職戦争に揉まれ、社会に出て働くのであれば、何もこんな所でよどんだ時間を過ごさなくてもいいんじゃないかと思った。学生本来のなすべき勉強も別に学者になりたい訳でもなく、高校までの学識で充分生きていける。多分、「大卒」という資格は私の人生には必要ないと早々に結論を出してしまったのだ。

そうして、自分はとりあえず何になろうかと考えた。小さい頃から本が好きで、文章を書くのも得意としていたので、きっと、その方面だろうなぁと漠然と考えた。それも、おそらく小説家とかライターという現実味のない職業よりも、どこかの出版社に勤めるとか、そんな線かなぁ……と。

そうなると、とりあえずは世界を見ておかなきゃいけない、と自分に義務を課した。特に、前々から歴史あるヨーロッパの街にはとてつもない興味があった。それを社会に出て、仕事に追われて忙しくなる前に、この目で確認しようと決めた。そこで私は、夏休みの二ヶ月間、ガソリンスタンドでオイル販売の営業をやり、何とか二十万円を作り出した。その合い間にパスポートを取り、油と埃にまみれた姿で、何度も新宿にある旅行会社を訪ね、生まれて初めての海外一人旅の手続きを少しづつ進めた。

今から二十年前といえば、今ほどに海外旅行は一般的ではなく、外国に行くというだけで友人の間でも話題になった時代だ。生まれて初めて夢にまで見た海外に行くのなら、イギリスを拠点にヨーロッパを全部見て回りたい。そう思った私は、この旅行会社を通してロンドンの「ＣＣＴキャンピングキャラバン」を利用することにした。外国の若者たちと一台のバスに乗り、キャンプ場を転々としながらヨーロッパの主要都市を旅する。これは、必要最低限の費用だけを格安にパッケージした、実に合理的なプログラムだった。

確か、一ヶ月間で宿泊費、食費、交通費など全て込みで十万円弱だったと思うから、お金のない私は、飛びつくように決めたのだ。これでオランダ、スイス、フランス、イタリア、オーストリア、ドイツと、行ってみたかった国をくまなく訪れることができるとワクワクした。

参加して分かったが、宿は公共のキャンプ場のテントの中、食事は参加者が交代で作るから、想像以上に大変であった。ただし、アウトドアが定着しているヨーロッパのキャンプ場の設備は二十年前とはいえ、プール、温水シャワー、レストランなど、あらゆる施設が揃っていて、なかなか快適だった。当時の『地球の歩き方』を開いても、たった一ドルの違いで、若者が右往左往するさまが描かれている。世界的に見てもヒッピーの名残もあり、安値至上主義が当然だったので、若者の自由旅行はこんなものなのだろうととても満足だった。

さて、私は日本の旅行代理店のアドバイスどおり、スーツケースを父から借り、Gパンやセーターはボーイフレンドの物を持ち出し、大学にも履いて行けないようなヨレヨレの運動靴を履いて日本を出発した。飛行機も格安の「パキスタン航空」

南回りを使い、香港、カラチ、イスタンブールを経由し、三十六時間の長い空の旅の果てにヒースローに着いたのだった。

初めて見るロンドンの街。その中に溢れ返る若者は、東京の田舎者であったはずの私の目には意外にも小汚く異様に見えた。

早々に次の日からのキャンプツアーの手続きのためにロンドンの旅行会社に行った。降り立った駅がアールズコートという貧乏旅行者の掃きだめ区のような街だったせいもあるのだろうが、彼らの埃をかぶったようなすすけた色のリュックと、沼の中を歩き回ったような泥だらけの登山靴にはカルチャーショックすら受けた。東京の大学生になる前は、長崎という日本の西の果てに住んでいた私のこと、外国人といえばみんな清潔で、リーバイスのCMに出てくるような小ざっぱりしたコットン一〇〇%をほうふつとさせる青年ばかりと決めつけていた。彼らはどこの国から来たんだろうかとしきりに考える。少なくとも、アフタヌーンティーをいただくイギリス人ではないだろうと。

彼らの靴は、よく見るとかかとがすり減って斜めになっていたりする。一体、どれくらい旅を続けてきたのだろうか。それとも、帰る家や戻るべき仕事がないのか。たかだか十九歳の女の子に、彼らの国籍や生活スタイルまで見通せる眼力はなく、安旅行会社のカウンターに肘をつき、クチャクチャとガムをかむ、ボサボサ髪に髭《ひげ》面《づら》の彼らを私は本物のヒッピーだろうと思った。あのすけたGパンのポケットには、きっとマリファナが押し込まれていて、ジョン・レノンを聴きながらプカプカやるのだと、恐る恐る自分の順番を隅で待ちながら考えた。

当時、アメリカで出版された「一日十ドル旅行」は、世界で大ベストセラーになっており、彼らのリュックにも、その本のカバーがチョンと頭を出している。そして、その中には、私がこれから参加するキャンピングツアーの説明書を持っている人も何人かいた。その腕に刻まれた入れ墨のすごいこと。FUCK！ と彫ってある。

あぁ、憧れのヨーロッパ。私はここまでやってきたのに、こんなヒッピー達と一ヶ月間行動を共にするのかと思うと、後悔が怒濤のように押し寄せてきた。

そこには、映画で見るのとは明らかに違う欧米の若者の姿があった。私の夢は、ヒースローに降り立ってわずか数時間後に、ものの見事に吹き飛んでしまったのだ。

ところが、追い打ちをかけるアクシデントが起こった。その旅行会社のカウンターで私の順番が回ってきた時だ。

「えーっと、あなたの日本のエージェントは、今晩の宿の予約を入れていませんね。キャンプの出発は明日の朝ですよ。どーするのかな」

カウンター奥の中年のでっぷりと太ったおやじは、事務的に手続きを終えると私に書類を返し、サラリと言ってのけたのだ。

「ナニ？」

私は自分の聞き違いであってほしいと大声を上げた。

「そんなはずはないですよ。私はきちんと今晩のホテル代を日本で支払いましたし、ここに住所もありますしぃ」

つたない英語のボキャブラリーを何とか組み合わせて、必死で説明を試みた。しかし、そのおやじは、

「そんなねー、あなたの持ってる住所はこの上の階ですよ。つまり当社のホテルで

すが、今晩の予約リストにあなたの名前は入ってません。アイム　アフレイド」

私は頭を思いきり後ろから鉄パイプで殴られ、ビルの階上から突き落とされたような気分だった。それと同時に『地球の歩き方』に載っていた（と思う）ある言葉が頭をグルグル回り始めた。それは、「格安旅行のリスク」だの「間違った旅行代理店選び」であった。だが、ショックを受けてる場合じゃない。ここは外国で、私は一人なのだ。体中の力がヘナヘナと抜け、倒れそうなところに最後の力を振り絞り、

「じゃあ、お金払いますので、今晩空いてる部屋はありますか？」

と泣きそうな声で聞いた。

「ありません。今日あたり、この辺のホテルはどこも満室ですよ。アイム　アフレイド」

それから私はどうしたか。重たいスーツケースを持って一人茫然と通りを歩いていた、はずだ。というのも、私は、そのあたりの記憶が全くないのだ。余りのショ

ックに頭の中では、「私は死ぬかもしれない」という極論が、脳ミソから涙と共に溢れ出ていたのだから。

なぜ死ぬか。つまり、今晩泊まる宿もなく、夜一人でロンドンをウロウロしていれば、見知らぬ男にどこかに連れ去られ、アラブあたりに売り飛ばされる。この空想の展開がほとんど確信に変わってしまったのだ。私の中で。

旅慣れた今では、同じ状況に陥ってもクレジットカード一枚あれば恐いものなしだが、ろくにお金も持たず、英語も話すだけの一方通行で、相手の言葉は半分以下しか聞き取れなかった二十年前の事だ。たとえば、今、私がたった一人でイランやサウジアラビアのダウンタウンに放り出され「目抜き通りのホテルが全て満室です」と言われれば、この時と同じくらいの恐怖感を味わうのかもしれないが——。

とにかく、私は目の前に広がるアールズコートの道を行ったり来たりしていたのだろう。おそらく一時間ぐらい。

「どこか探しているの？」

と、その優しい声を耳にした時も、それが自分に向けられていると分かるまで、しばらく時間がかかった。気が付くと、私の前には若い男女がニコニコしながら立っていて、こちらの答えも聞かず話してくる。

「メイ　アイ　ヘルプ　ユー？　私たち、この通りであなたを三回も見かけたから、道に迷ってるのかと思ったのよ」

私はマジマジと彼女の顔を見た。肩まで届くおかっぱの黒髪に、切れ長の目、清潔な白いシャツ、私と同じくらいの小柄な体格。もしや日本人ではと思ったが、彼女は中国系イギリス人だった。

彼女、マーチは、イギリスの美術カレッジに在籍していて、家族の何人かは香港からこの国に移住している英国居住者だと言った。私がつたない英語でそれまでのいきさつを話すと、

「まぁ、なんてひどい話！　でも、大丈夫よ。今晩、私もロンドンに泊まるから、一緒に部屋を探してシェアしましょう。心配しないで」

と言ってくれた。そうして、一時間もたたないうちに、その界隈でも特に安くて清潔なB&B（民宿）を見つけてくれたのだ！　私はただ、オドオドしながら、こ

の幸運に置いてきぼりにされないようマーチのあとをピタリとついて行った。余りの激しい事態の変化に、私の心は荒波に揉まれる小舟のように驚いたり、喜んだりしていた。

彼女は、そのB&Bの前で私が引きずるように持っていたスーツケースに気付き、目で合図を送った。すると、一緒にいたマーチのいとこがサッと私のスーツケースを持ち、まさにポーターのごとく部屋まで運んでくれた。それを満足そうに見守るマーチは、弱きを助け強きをくじく、正義に満ちた女性だった。

マーチは私より三つ歳上だった。けれど、彼女は、私が十年かかっても持ち得ないであろう人間の芯のようなものを持っていた。

それは彼女の優しさというより、人に対する深い洞察力といたわりの心だったと思う。

その夜、彼女は見ず知らずの私を、

「おいしい夕食を食べに行きましょう」

と、ピカデリーサーカスの裏通りにある中華料理屋に連れて行ってくれた。エロスの像を横目で見ながら、私はマーチと彼女のいとこが歩いていく暗い路地を黙ってついて行った。

正直、これまでの並々ならぬ親切な態度に、ひょっとしたら、彼女は中国系マフィアの手先では……などと、とんでもない想像で疑っていた部分も幾分あった。数時間後に「金を出せ」と、このいとこが豹変し、大変なことになるかもしれない……と。けれど、その時の私は、誰も知らないイギリスの地で、「君のホテルはない」と言われた時の戦慄を再び味わうことの方が恐かったのだ。誰かにくっついている間はとりあえず安らぎがある。

だから、私はマーチの善意だけを無心に見いだそうとした。それは十九歳の私の賭だった。

「麺」という看板が掛けてある中華料理屋は、裏通りの石造りのビルの中二階にあった。私たちぐらいの若い中国人、イギリス人で狭い店内は両肘を広げられないほど混み合っていた。

私が「ラーメンが食べたい」と言うと、マーチは「何？　それ」とびっくりしていた。私はラーメンは英語だと信じていたのだ。つくづく、自分は未熟だと思った。やっと理解した彼女は、店員に中国語で何かを告げた。その瞬間、急に彼女のイメージが変わった。マーチが中国語を喋ると、英語の時よりもぐっと自分に近い存在になる。

「ここは安いからよく来るの。私の家の台所は共同で狭いから、簡単な料理しかできないのよ。だから、ロンドンに来たら絶対ここに寄るのよ」

彼女は目を輝かせ、幸せそうに料理がくるのを待っていた。

私たちは、その間にお互いのことについて幾つかの情報交換をした。私は大学生だけど、近々、大学を中退して働くつもりだと言うと「なぜ？」と興味深く聞いてきた。

「日本の大学生は遊んでばかりいるから、お金がもったいない気がして……」

「へぇ」

と、彼女は小さな声で相槌を打ち、店員が運んできた安っぽいプラスティックのどんぶりに入ったワンタンをすすった。

「私、日本人をよく知らないから、その話、何だか理解できないけど、学費は誰が払うの？」

「親が」

「親が払って、子供は勉強せずに遊ぶの？」

日本の教育とか受験システムとか、若者の在り方に全く知識のないマーチを相手に、その内容の全てを説明できるほどの語学力は私になかったが、そのことについて、マーチが何かを考えている様子が少々気にかかった。けれど、一つの事について会話を発展させるほど私たちは話したわけではない。ただ見知らぬ者同士、満腹になることに一生懸命だった。私は時差ボケもあり、ただ疲れていたのだ。目の前のマーチにひどく興味を抱きながらも……。

ところが、私はその夜、宿に戻って大失敗をやらかした。マーチが部屋の外にあるバスルームを使っている間に、部屋のドアに内側から鍵を掛け眠ってしまったのだ。安いB&Bゆえ、アルバイトの学生もどこかの部屋で息抜きをしていたのだろう。その夜、フロントには誰もおらず、閉め出されたマーチは廊下で一夜を明かす羽目になったのだ。

私は翌朝、事情を知り、半ベソをかきながら彼女にあやまった。これだけ世話になっておきながら、今度は自分の不注意から迷惑をかけるなんて。こんなにいい人とめぐり会えたのに、いくら優しい彼女でも、もう絶対に私を相手にしてはくれないだろう――と。そんな私のヘマをマーチはサラリと受け流し、皺一つ寄っていない彼女が寝るはずだったベッドに横たわって、

「あぁ、やっと私のベッドにたどり着いたわ。なんて長い道のりだったのかしら、ここに来るまで」

と笑った。

そして、キャンプ旅行から戻ってきたら、電車に乗って自分のフラットに遊びにいらっしゃいと、私の心配を吹き飛ばすに充分な好意を示してくれた。

「バースという街で、それは美しいところだから、必ず泊まりに来てね」

と、旅に未熟な私を、電車が発車するパディントン駅まで連れて行き、乗車ホームやチケット売場を念入りに説明してくれた。こんなマーチの誠実さは、出会って

から別れる日まで変わることはなく、私は「サンキュー」と「ソーリー」を連呼するばかりだった。

キャンプ旅行は一ヶ月に及び、私は念願だったヨーロッパをアチコチ見て回った。それでも時折り、参加者であるアメリカ人とオーストラリア人グループの対立や食事当番などのイザコザが起き、そのたびに、私はうんざりした。誰それはいつも当番をさぼるとか、あのアラブ人と組むのは嫌だとか……。お互いが一歩も引かず自己主張を繰り返す様子を見ていると、旅の疲れも手伝って、心底日本に帰りたくなった。

そういった場合、少数派のイギリス人と、たった一人の日本人である私は、居場所がなくなり、その辺をブラブラ歩き回るよりほか仕方がなかった。自分の主義主張をまくし立てて引かない彼ら。妥協とか譲り合いだのという中間的な発想は持ち合わせてないのか、あっても無用なのか、彼らの流儀は絶えず人間関係を戦闘的にさせた。

特に、アメリカ人の若い女の子たちはひどかった。私から見ると一日二十四時間、寒い、暑い、疲れた、眠いと動物的感情を気の向くままに周りに向けて、それをボーイフレンドであるパートナーが尻ぬぐいしているという感じだった。彼女たちは、旅も中盤に差し掛かると、本領発揮といった感じで些細な事で不機嫌になり、何かいい事があると大はしゃぎをし、誰かれかまわずキスをした。

そんな彼女らと一緒にいる日本人の私は、その一挙一動に気力が消耗していくばかりだった。

そのたびに、私はマーチの事を思い出した。イギリスに早く戻って、彼女の住む街に行ってみたいと思った。それを楽しみに、自分を励まして旅を続けた。

たくさんの見知らぬ国と風景は、自分の心の肉にならない速度で後ろに飛んでいき、そして、私は再びイギリスに戻った。

宿に荷物を預けると、取るものも取りあえず、パディントン駅から列車に乗り、マーチの住むバースという街に向かった。

私はまだ見ぬその街のイメージをマーチの人格と織り重ねて、すでに心の中で最上級に作り上げていた。特急「インターシティー」のテーブル付きの席を取り、窓の外を目で追っていると、子供の頃、絵本で見たような広大な牧草地帯が広がり始めた。それは、私があの日マーチに出会わなければ見ることのなかった景色だと思った。そう思うと、バースという街が、ヨーロッパで見たどの都市よりも貴重に思えた。

果たして、実際に駅を出た瞬間、目の前に広がったバースの街は、周囲を城壁のように取り囲む丘の上まで美しいジョージ王朝様式のテラスハウスが流れるように建ち並ぶ、絵画そのものの世界だった。乳白色の石灰岩で塗り固められた建物や教会の塔が、街の中心をゆったりと流れるエイヴォン川に映えて、思わず息を飲んだ。こんなきれいな街に生活できる人がいるなんてと、想像以上のバースにしばらくぼんやりしていると、見知らぬ中年の英国人が私を呼び止めた。

「ケイコ？　マーチが急用でここに来れなくなったので、私が代わって迎えに来ました」

その男性はツイードのジャケットが似合う、とてもハンサムで背の高い紳士だった。

私は彼の家に案内された。それは、ロンドンにもないような巨大なレンガ造りの城のような一軒家だった。暖炉のあかあかと燃えるリビングはアンティーク家具の展示場のようで、薄いカップに注がれた紅茶も、緊張の余りミルクすら入れられなかった。

「マーチはじき来るから、それまでくつろいで下さい」

紳士はそう言って、やはり紅茶を慎重にすすった。

私は暖炉の中のかすかなゴォーッという炎の音を聞きながら、あの質素な学生のマーチとこの立派な家に住む紳士が、一体、どんな種類の友達だろうと思った。彼女への興味が、また一段と厚みを増した。

その紳士は、英語を余り喋らない私をどうもてなしてよいか分からなかったようで、しまいにはクローゼットの奥から日本地図のような物まで引っぱり出してきて、「君の家はどこにあるのか」と聞く。いかにも高そうな手描きの古い地図だった。苦労しながらも私を大切に取り扱おうとする彼の態度は、とりもなおさずマーチへの好意の表れだと思った。私が「えーっと」と目を凝らしていると、息せき切ったマーチが飛び込んできた。

「ごめんなさい。授業が長引いて」

彼女はその紳士に手短かに謝り、

「カレッジのそばのベーカリーで買ってきたので、よかったら」

とガサガサとパンの入った紙袋を渡した。

彼はニコニコしながらそれを手にし「また今度」とマーチにキスをし、私たちを見送ってくれた。

マーチのフラットは、バースのシティーセンターから十分ほど歩いた丘の中腹にある、重厚な石造りの建物の最上階にあった。八畳ほどの小さなワンルームは、それでも、天井がとてつもなく高いので、適度な開放感があった。板張りの床の上に直接置いたマットレス。壁に立てかけられたいくつかの油絵と陶器。それでも、まるで、B&Bの宿の一室のように簡素で何もない部屋だと思った。

よく見ると、室内は物がない分とてもていねいに掃除してあり、チリ一つ落ちていなかった。それはまるで、パリッとノリの効いたマーチの白い木綿のシャツのようだと思った。

「ここはさっきの家と違って寒いでしょう?」

窓の外は、すっかり夜のとばりが下りていた。イギリス独特のオレンジ色の街灯がシティーセンターの方向からボーッと連なって、この部屋の窓辺まで届いている。マーチは忙しそうに自分のマットレスの横に私のベッドを作ろうとしていた。

毛布と白いシーツをまるでホテルのベッドメイキングのように、マットレスの下にキチンと折り込む。私が手伝おうとすると断られた。

「この作業が好きなの。私一人にやらせて」

この部屋に息づく全てを彼女は愛しんでいた。ベッドメイクも、ペンキ塗りも、紅茶を入れる行為すら。

彼女のこの部屋には、カレッジの友達がパーティーを開くためよく集まるそうだ。パーティーといってもワインとポテトチップスがあれば一晩ハッピーに過ごせるのだと。おしゃべりがメインだから、他は何も必要ないと話しながら、マーチはパーティーの写真を見せてくれた。彼女は金髪のハンサムな男性にもたれかかっている。

「この人、ボーイフレンド？」

と聞くと、彼女は少し真面目な顔になって言った。

「だった人よ。私たちは先月終わったの。彼はケンブリッジ大学の学生で、ずっとつき合っていたの。あなた、彼のお父さんに会ったでしょ」

「え？」

「さっき、あなたを迎えに駅まで行ったのが彼の父親なの。彼はパイロットなのよ」

「えーっ」

まだ、恋愛経験も未熟だった私は、それでも、マーチが別れたボーイフレンドの父親に頼み事をしたり、家に遊びに行ったりしていることが、普段、日本ではあり得ないことだろうなぁと思った。

マーチが彼とは終わったと言った時の沈痛な表情を見れば、お互いがどれだけ深く愛し合っていたかが分かる。もしや、彼女が東洋人の学生で貧しいから、二人は続かなかったのか……。いや、そんな軽薄な恋ならば、彼の家族とあそこまでの人間関係は築けなかっただろう。お互いを大切にして、愛し合って、それでも壊れた恋なのだ。きっと。

それにしても、ケンブリッジといえば、このイギリスでも一握りのアッパークラスに属する子弟が進学する大学。そんな男性と中国人の彼女が恋におちたとなれば、私が感じてきたマーチの魅力は国籍を超える力があるのだ。ロンドンでウロウロしていた私に声をかけ、無償で私に友情を示してくれた彼女の人徳をこの国の人たちは正当に評価し、彼女を受け入れてきたのだろう。そう考えると、このイギリスでは、あらゆるパターンの人間関係が作り出せるような気がしてきた。

多分、日本では考えにくいような設定でも、ここでは個人の資質いかんによって、当然のごとく認められるのではないかと……。少なくとも、マーチの周囲を見る限りにおいてはそう思った。

その後、イギリスを知るごとに、そうとも言い切れない現実もたくさん見聞きしたが、少なくともあの頃はそう思っていたのだ。

その夜、マーチはクローゼットの中からいくつかの手編みのセーターを出して、私に見せてくれた。

彼女の自信作というそれらは、あらゆる色の毛糸を繋ぎ合わせて、バース近郊の田園風景を編み込んでいた。私はその一枚一枚を今でも懐かしむ。

朝もやの中で草をはむ羊や、幾重にも連なった丘陵とイギリスの雲の流れ、ライムストーンで囲まれた小さなビレッジの路地など、どちらかといえば、くすんだ色調の作品ばかりだったが、どれも彼女の才能が溢れた、すばらしいセーターだった。あれ以上のセーターは今でも目にすることはできず、彼女がいかにバースを愛し、イギリスでの暮らしを謳歌していたか偲《しの》ばれる。

私たちはまくらを並べて眠った。キャンプ旅行では得られなかった深い眠りだった。

次の日、私たちは小さな緑色の路線バスに乗って、ブラッドフォード・オン・エイボンのそばにあるマーチのカレッジに行った。

「バスに乗るのは久しぶりなの。たいていは学校までの三十分を歩いて行くのよ。バス代がもったいないから」

私は彼女の言葉に驚いた。バス代といっても、たった一〇〇円くらいの額だ。

「雨が降ったらどうするの？　濡れながら歩いていくの？」

「ヒッチハイクするわ。みんな、そうやってるわよ」

私は自分が通う東京の大学にズラリと並んだ乗用車を思った。学生たちは、路上駐車した車を警察がレッカー移動するとかで、いつも授業そっちのけで教室の窓から顔を出し、車の心配ばかりしていた。あの光景は、こうしているとマンガの世界の作り話のようにも感じた。

バスから降りて、私たちはしばらく歩いた。小さなビレッジの蔦のからまる石垣をなでながら、マーチはため息をついた。

「イギリスのカントリーサイドが大好きなの。通学の途中、こんなにきれいな景色が毎日見られるなんて幸せよね」

太陽の光を浴びて、彼女はうっとりしていた。

私は、かつて香港で暮らしていたことのあるマーチが、こんなふうにイギリスの文化や生活習慣の中に溶け込んで、幸せを感じ毎日生きていることが、とても羨ましかった。彼女は私と同じアジアの人でありながら、暮らしを楽しみ、自立した心を持つイギリス人の良さも充分持ち合わせていた。私はといえば、全てに中途半端で日本人の良さすら発揮できない、無国籍のアイデンティティーなしだったのだから。

気が付くと彼女は、通りがかった小学生ぐらいの男の子に何か注意している。その男の子の手には、ポキリと折ったニワトコの木の枝が握りしめられていた。

「こんなことをしたらダメよ。草や木は折るためのものじゃないのよ」

私は何を言い出すのかと正直ハラハラした。

その男の子も、中国人のマーチがいきなり流暢な英語で注意を始めたので、とても驚いていた。それでもマーチが二度とやらないでと言うと、最後には「オーケー」と小さくうなずき走り去って行った。

これなのだと思った。私が彼女に魅かれ続けた理由は、全てにおいて外に向かって人に働きかけてゆく彼女の生きざまなのだと思った。自分の良識の尺度に従って、臆せずいつも行動している。しかも、言葉も違う外国の地で……。それは、いかに勇気がいり、リスクを伴う姿勢なのか。

それに比べ、私の周りにいる日本の大学生の、限りなくナイーヴで自己的な性質は、一体、どこからくるのだろうか。

私は、まだ十九歳だが、こんなふうになりたいと本気に思って尊敬できる人をずっと見いだせずにきた。多分、心の中では、就職問題や大学を中退すること以上に重要なことだったのに、ずっと棚上げしてきたのだ。マーチに出会うまでは。

私はマーチをもっと知りたいと思った。彼女の素晴らしさを自分の中に取り込んで、私も、それまでとは違う、もっと別な自分になりたいと思った。そう思ってはみても、私の英語力は乏しく、日本への帰国も迫っていた。そして多分、私が思うほどマーチは私自身に何の興味も抱いてなかったはずだ。私はその時、十九歳の大学生で、まだ、人生について何の方向性も見いだしていなかったし、何者でもなかったのだから——。

私たちはその日の夕方、お互いのアドレスを交換し、別れた。そして私は翌日、荷物をまとめ日本への帰路についたのだ。

一ヶ月後、彼女から短い手紙が届いた。私を喜ばせようと、カリグラフィーで書いたアンティークな書体の英文。茶色いクラフト紙を切って、自分で作った封筒に書かれたその文字は、おとぎの国の招待状のようで、バースという古都にふさわしい手紙だと思った。その中に、次のようなことが書いてあった。

（中略）私は今、セーターを二枚も重ね着して、凍えそうな部屋でこの手紙を書いています。まして、ここのところカレッジまでの行き帰りを歩いているので、冷えてくると疲れた両足が痛みます。

なぜ、こんなに寒いか。それは、私が貧乏でこのフラットの電気代を払えないからです。

手がかじかんで、このおかしなペンすら落としてしまいそう。

どれほどこの部屋が寒いか分かりますか？

それでも、私はこのバースが大好きです。たとえセントラルヒーティングが使えなくても、この街に暮らしていられることは、何にも代えられない幸せです。

私は春を待ちます。そうすれば、寒さもそれほど体にこたえないでしょう。


この手紙を受け取ったのち、すなわち、イギリスから帰ってきてから間もなく、私は大学を中退した。その後、私は出版社に就職し、紆余曲折を経て今に至ったのだが、今にして思えば、あの時のマーチほど幸せと言い切れた日々が、この人生のどこにあったのだろうかと考える。どこにもなかったのではないか——と。

あの頃は分からなかったが、渡英も二十回を超える頃、ある事に気付いた。マーチのように他の国からイギリスに移民としてやって来た人々と共存し、その良き習慣や生活文化を継承する底力が、イギリスには確かに存在するということを。そんな強い影響力は、恵みのようにこの国に暮らす外国人にさえ降り注ぐ。けれど、マーチは単にその恩恵に与ったただけなのだろうか？　アジア人が欧米社会で体験する差別や偏見は、少なからず、この私もイギリスを含めた欧米諸国を訪れるたびに経験してきた。だとすれば、あの時、彼女は同じ容姿をした日本人の私に、いくばくかの同情に近い感情を寄せていたのではないだろうか。私も貧乏な大学生。まして、彼女より歳下である。そして、英語がほとんど喋れなかった。

そんな私は、遠い昔の彼女自身だったのかもしれない。英語圏の中でも、とりわけ文化や歴史の発祥になっている大国イギリスを前に、なすすべもなく立ちすくむ私は彼女であり、この国にやってきた数多い外国人の一人に過ぎなかった。

光り輝くマーチの残像は、こんなふうな生き方もあるのだと、折りに触れ、私に呼びかけては魂を揺り動かす。それは、イギリスに暮らしたいと憧れ続ける私にとって、生涯消えることのない力強い指針となった。それをさらに地固めするために、私は今でも毎年イギリスに行くのかもしれない。

まるで、ルネッサンスの絵画にでも登場しそうな古都バース。エイボン川の流れも、そこに廃墟のようにかかるバルティニィ橋もあの時と変わらないのに、私がロンドンで偶然に知り合ったマーチとは、その後、再び会うことはなかった。

*section*

2

# イギリス人と恋におちて

二十五歳の時に、小さな娘を連れて離婚した私は、娘が二歳になる前に彼女を連れてイギリスを再び訪れた。大学時代から優に七年という歳月が経っていたが、私は再び生きることとの困難や孤独に直面していたのだ。

離婚後の精神的なダメージから、毎日の暮らしは次第に音を立てて崩れていくようで、何とかしなければという最後の力の一滴を振り絞り、イギリスに行こうと決意した。

そして、ベビーカーを押しながら路線バスを乗り継ぎ、イギリスの南西部を旅した。とりわけ、バースからソールズベリーまでの窓越しに見た早春の風景は明るい花に彩られ、疲れ切った私の心を見事に癒してくれた。

イギリスの田舎の風景は「時が止まったような」と比喩されるように、誰も、何もせきたててはこない。

四季を通して、牧草地はくっきりとした緑色。なだらかな丘陵には、防風林が空気を区切るように立っていて、そのはずれには、古い石造りの農家が数えるほど寄り添って建っている。集落の中心には、十字架を掲げた教会があり、それは実に幻想的で中世さながらの景観を作り出しているのだ。

わざわざ美術館に行かなくても、この国にはそれに勝る視覚的感動がそこら中にころがっている。どうせ限られた一生を生きるのなら、心が求める風景を選びとるのが順当だとつくづく思った。

今の私から見れば、これが二十代の持つ若さだったのかと思う。簡単に傷つき、たやすくどん底に落ちていくが、新しい風が吹くとたちまち蘇生される。心にまとわりつく古い確執は、面白いほど剝がれてゆくのだ。

さて、私はソールズベリーに向かう途中でバスを降り、オールドフォードという小さな村のB&Bで一泊することにした。

部屋の窓からは果てしなく広がる空と大地が、夕暮れの雲の影にドラマチックな景観をなしていた。

私はただそれを見つめて、こんな一瞬一瞬が、これからの自分の人生とどうつながっていくのかを考えていた。この夢のような風景を私の日常とするために、一体、何が必要なのかと……。

その時だ。私はB&Bの玄関の周りで腰をかがめて、せっせとプランターの花を植え替える、宿の奥さんの姿を見つけた。その傍らで、ご主人が黙々と雑草を抜いている。細い村の公道に面した高台に建つこの宿は、その玄関までなだらかな階段がくねりながら続いている。それは古い枕木で造られていた。夜までの静寂のひとき、ワックスコートを着た二人は長靴を履き、何も話さず、無心に庭仕事をしているのだ。

時々、あごひげをはやした格幅の良いご主人が、バケツに肥料だの土だのを納屋から入れてきては、奥さんの横にそっと置く。目尻には少しだけ細い笑いじわが寄っている。私はその二人の動作に釘付けになった。

夫婦の歳は五十歳前後だろうか。二人でこんな小さな村に住み、B&Bの経営という同じ仕事を持ち、並んで人生を歩いている。どちらが上で、どちらが下でもない。互いの仕事ぶりなど全く目にとめず、自分の手元だけを見つめている。それでいて、彼らは二人だけという状況にとても満足しているようだ。

この感動的な夕暮れの田園風景の中で、互いの姿が黒い対のシルエットになるまで、休むことなく働き続ける。多分、一年後も十年後も、彼らはこの暮らしの中に、愛や生き甲斐や充足感を見いだし続けるのだろうと思った。

私は心底この夫婦が羨ましいと思った。私はといえば、娘を連れて離婚したばかりで、一体、自分がこれからどうなるかも分からないカオスの中にいるのだ。

私がこの夫婦のようなパートナーシップを見いだし、再び結婚し、娘を含め安定した家庭を築き上げるまで、あとどれくらいの試練や迷い道が続くのだろう。私はまだ途上で、彼らのような状況に至る保証はどこにもない。幸せの保証など、どこにもないのだ。

だからこそだろうか。私はそれからずっとこの夫婦の姿が心に焼き付いて消えなかった。

イギリスの田舎、庭仕事のできる家、静かで誠実な夫、安定した夫婦関係。

この日、私が見た光景は、私の欲しかったものの集約として、強烈なインパクトで、私の心の中に広がっていった。「イギリス人と結婚すれば、あの夫婦のような幸せが手に入る」という思い込みとともに。

そうして、この旅行を境に、私は日本人男性に対する関心を全く失ってしまった。寝ても覚めても、考えるのはイギリス人のことばかりだ。イギリス人と知り合って、結婚をしたい！

食事を作れば、皿洗いをしてくれるイギリス人。

自然や動物に深い洞察があり、犬と歩けばサマになるイギリス人。

家族を大切にし、妻を尊重し、いつも一緒に行動してくれるイギリス人。

実家がイギリスにあるイギリス人（当然だが）……。

挙げたてればきりがないが、あの頃の私は情熱のおもむくままに、イギリスという国とそこに暮らす未知の男性を射止めるという決意に、心をときめかせていたのだ。まだ出会わぬ男性に、一方的に恋を始めていたというか——。

そして、私はその後しばらくして、同い歳のイギリス人男性と運良く知り合い、付き合い始めることができた。その頃、フリーのライターだった私は、たまたま、都内の医療機器メーカーを取材した時に知り合った翻訳を仕事とするRと恋におちたのだ。最初はとにかく嬉しくて、毎日がものすごい速さで過ぎていった。

Rはこれまで付き合った、前の夫も含めた日本人の男性と比べて、とても柔軟な考え方を持っていると思った。小さな娘のいる私のことも「日本人のガールフレンドで、子供と暮らしている女性」という単純な見方が嬉しかった。付き合い始めた頃、前の夫となぜ別れたかについては質問してきたが、それもごく短い会話で終わった。

Rはイギリスからアジアの国々を経て日本に着いたばかりで、日本の事など何も知らなかった。それでも、仕事に関しては堅く、翻訳以外に、フレックスで校正の仕事を常時二社から引き受けていた。

子供がいて、夜、外出できない私の家に、Rは頻繁にやって来るようになった。食事作りから、生協の共同購入食品を受け取りに近所に行ったり、娘の遊び相手まで、自分からなんでも引き受けてくれた。夜、娘が眠った後は、二人で辞書を広げ、英語と日本語の勉強をした。それも、彼の提案だった。

孤独だった母子家庭の毎日はガラリと変わり、彼はまさに救いの神のようだった。キッチンに立って、私たちのためにコテージパイやジンジャーブレッドなど、イギリスの家庭料理をアレコレ作ってくれた。私はその後ろ姿を見つめながら、いつか見た、あのB&Bの夫婦のことを思い出していた。

もう少し、もうちょっとこの状態が続けば、私は夢に描いた理想の形を手に入れることができる。彼は優しくて、私に夢中のようだから、きっと大丈夫。離婚直後に付き合った日本人の男性みたいに「子供を誰かに預けて、今すぐ俺に会いに来い」みたいな幼稚なことも言わないし。

私の心は浮き立っていた。けれど、その底になぜか不安の糸が一本ピンと張りつめていて、時々、わけもなくふさぎ込んでしまった。

その頃、形を追い求めることに夢中になっていた私は、自分が見たくないものには見えないふりをしていたのかもしれない。

私が不安になった原因——それは、彼を通して私が知り得た、イギリス人のいくつかの考え方や性質だったと思う。

Rは私にも娘にも限りなく愛情深かった。それは時として盲目的にも映った。

ある日、私たち三人は小さいレストランに行った。娘は風邪気味で少し鼻をたらしていた。料理を注文して待ってる間、となりのテーブルの男性がタバコを吸っていたのだ。そのうち、もう一人の男性もタバコに火をつけて、その煙がこちらに向かってきた。

その時だ。彼はいきなりその人たちの前に行き、「すみませんが、子供が風邪なので、タバコをやめて下さい」と簡単な英語と身ぶり手振りで、何回も彼らに頼んだ。（その頃、彼は日本語が全く喋れなかった）

二人の男性はいきなり外国人に歩み寄られ、度肝を抜かれたようで「イエス、イエス」とたじろいでしまった。そして二人共、一つの灰皿めがけてタバコを押しつけるように消したのだ。

Rは「子供のために君が注意してきなよ」とは決して言わなかった。「日本語できないからどうしようか――」とも。その行動力と自分の正しいと思うことを、日常の小さな部分に対してでさえ貫き通す姿勢は、実に立派だと思った。そして、その態度こそは、私が理想としていた父親像であり、夫の姿だった。

ところが、そんな感動的な出来事が起きた直後ですら、私たちはたびたび口論になった。

それはこんな具合だった。

「君は僕から二千円借りてるよ」

と突然彼に言われるのだ。ああ、そういえばさっき娘の紙オムツを買ってきてと頼んだっけ――と私は我に返る。まさしく、夢物語から現実に返るのだ。

こちらとて、払わないつもりはないけれど、日本人のカップルの場合、二千円の紙オムツ代について、いちいちどうするかなんて問題にするかしら、と心に暗雲が広がり出す。

「これ、さっき立て替えてもらった分だけど……」

と言って手渡せば、ほとんどの恋人は、

「ああ、いいよ。そんなの今度で」

となるはずだ。

余程お金に困っていれば、

「ゴメーン、さっきの二千円いいかなぁ。俺が出したんだけど、今苦しくて」

と悪びれて申し出てくるのが常だ。

毎日毎日、ほとんどの時を一緒に過ごして、まるで家族のように付き合って、その揚げ句の果てに、この線の引き方とは……。私には全く理解できなかった。私だって貧しいながらもコーヒーや車のガソリン代など、払う時には払っているのに。

それをいちいち二で割って、あなたの分はいくらなどと言うつもりは全くないし、第一、恥ずかしくて言えないではないか。

何度もお金の件で揉めた末、ある日、自分の思ってる事を緊張しながらRに言った。ところが、彼は怪訝な顔をするではないか。

「思った事は何でも言うべきだ。僕たちはパートナーなんだから。どうして今までハッキリ言わなかったの？」

私はわなわなと震えながら、今までの怒りの全てをぶちまけた。

「言えって何を？　どっちがお金をいくら払うとか、どうして私がイチイチ言うの？　そんな事、察してくれればいいでしょう。大体、あなたはいつも人の気持ちなんか気にしてないのよ。これたくさん食べていいよって言えば、作った料理もほとんど食べてしまうでしょう。私の腹具合とか全く気にしないでね！」

「だって、たくさん食べろと言うのは君だろ」

「でも、日本人は『いいよ、君も食べなよ』ってすすめてくれるわよ。それは、自分より相手のことを気にしているからよ。あなたには配慮ってものがないのよ」

まだ日本に来たばかりの彼が、日本人の「本音と建て前」や「謙譲の美徳」を知る由もないのは分かる。分かるが、大きな部分では尊敬できていた彼だったのに、日常生活でこうも食い違うと、お互いストレスがたまってくる。

また、Rはテレビを見ながらよく物事を批判していた。「silly」(バカ)、「stupid」(マヌケ)などの英語がたびたび飛び出す。

たとえば、知覚過敏用の歯磨き粉の宣伝が流れた時、彼は不満顔で、すかさず訊ねてきた。

「君はこの原理を本当に信じるかい」

私は別にその歯磨き粉について何の関心もないので、

「虫歯にいいんじゃないの」

ぐらいの返事を適当にする。すると、

「日本人は薬品に対して余りにも無知過ぎる。病院で薬をもらう人の全員が、その種類や用途について全く質問していない。おかしい」

と始まるのだ。

その一つ一つが陰湿な内容ではないが、よくもまあ、朝から晩までこんなに論議の種を見つけられるものだとうんざりすることはしばしばあった。

「日本は自動販売機が多すぎる」

「その中は甘い飲み物ばかりだ」

「運転免許証の登録がややこしすぎる」

「新宿駅周辺の道路の混み方は気違いザタだ」

などなど。私が図書館で「イギリス人は批判を楽しむ国民だ」という本を見つけなければ、とうの昔にキレていただろう。

何度か大ゲンカはしたものの、彼は私に未練があったようで、私はどうしてもイギリス人と一緒になりたいという夢を捨てきれず、離れてもいつしか元のサヤに収まってしまうのだった。

私から見れば問題の多いRだったが、一度職場や街に出れば、彼はたちまち人々の注目を浴びた。スタイルが良く、リンゴ・スターに似た親しみやすい表情と打ち解けやすい性格が人を魅きつけていたのかもしれない。

だが、Rがモテる最大の理由は、彼がイギリス人で英語を母国語にしていたことだった。これにはほとんどの英語を話す欧米人が似たような考えを持っている。どんなさえない男でも、英語圏のパスポートさえあれば、日本では女性に困らない

――という。この話は、タイやインドといった欧米人が多く旅する国でバックパッカーたちが語り継いでいるらしい。

彼もこの噂だけは日本に来る前から聞いていたそうで、現実がそれ以上にすさまじい事に驚いていた。

電車の中で、喫茶店で、若い女性の自分を見る目が、とても情熱的で強い意志を含んでいるとよく言っていた。職場近くの表参道を歩いていて、「私と付き合って下さい」とか「セックスしませんか？」と言われたことも度々あったという。

これらの情報は、私を必要以上に意地汚くさせた。他人が羨むようなイギリス人の恋人をキープするのだ。彼を手離しては後悔する……と。

私はイギリスについてもっと知りたかったし、イギリス人と恋におちて、いつか見た夫婦のような暮らしを築か、ね、ば、な、ら、な、いのだから……。Rと付き合い始めて、私は自分でも解明できない矛盾とイラ立ちに、絶えず神経をすり減らしていた。

このように、物事を自分の目線からしか捕らえることのできなかった私に比べ、口論のたびに、Rはどうすれば二人がもっとうまくいくのか真剣に考え始めたようだった。

ある日、Rは私に日本語の先生を見つけたと言ってきた。私が何のことか理解できずにいると、きっぱり言った。

「君と意思疎通がうまくいかないのも、僕が日本語を喋れないのが原因だと思う。日本語を話せば、君の友達や娘とも、もっとストレートに分かり合えるはずだ」

それからというもの、Rは一日おきに日本語を習いに出かけて行った。日本語の教師である日本人女性に、言葉だけでなく、日本人の考え方、習慣を教えてもらっていたようだ。その成長ぶりはすさまじく、マンチェスター大学の薬学部をトップで卒業しただけある、と私は内心羨んだ。そんな彼は、時々、夜のニュース番組をじっと見ては「もう少しだ」などとつぶやいていた。

私はこの意志力にまたもや驚き、そして、嫉妬していた。

全てが上向きにうまくいく積極的な彼に比べ、私の人生は相変わらず沈んでいた。その頃、フリーライターとしてもっと色々な仕事をこなしたかったのに、私のもとに来るのは、月数本の誰でもできる情報整理の仕事ばかりであった。月収にして十万円程度。

これでは将来の不安もつのるばかり。自己実現のために離婚して、新しい人生を模索してるなどと説明しても、誰も信じてはくれまい。私は人生最後の切りフダであるイギリス人のRと結婚するしかない、とますます本気で焦った。

それでも、私は家にいる時も外出する時もペンとノートを手離さず、いつも何かを書いていた。それは出版社に対する企画書だったり、小説の真似事のようなものだった。

そんな様子を彼は時々心配していたようだった。そうして、前以上に私を気遣い、いたわってくれた。

その頃になると、二人の間でケンカの種になっていたお金のことも、生活習慣のことも全ては解決されていた。

Rは、立て替えてくれたお金を返そうとしても受け取らなくなり、物事を批判するより、感心したり誉めたりすることが多くなった。また、以前はお金を遣うことを嫌っていたのに、それもなくなった。札束をバラまくようなことはなくても、クリスマスや誕生日には私と娘を連れてデパートに出向き、こちらが欲しいものを買ってくれたりもした。とにかく、彼はある時期から坂道をころがるように急速に変わっていったのだ。

そんなある日、Rの昔のガールフレンドがイギリスからやって来た。彼は一日東京を案内する役を引き受けた。その日の夜のことは忘れられない。彼は戻ってくるなりつぶやいた。

「あぁ疲れた。イギリスの女の子があんなに自己主張が激しいなんて、僕は昔、彼女とどうやって付き合ってたんだろう」

彼の低い苦悶の声に、私はギョッとしてRを見上げた。

「僕はもう、イギリス人じゃなくなったのかもしれない。今日一日、彼女が東京を批判するのが耐えられなかった。何を見ても文句ばかり。揚げ句の果てに、僕にも同調して何か言えと言うんだ」

「あなたも私と知り合った頃はひどかったわ。あの頃の私の気持ちが分かったでしょう」

「あぁ。でも、もうイギリス人の身勝手さはうんざりだ。彼女は別れてもいい友達だったのに、今の僕は付き合えない。僕は、一体、誰になったんだろう」

私はうなだれるRの顔を見ながら、良心がチクリと痛んだ。彼と知り合って今に至るまで、私は彼の愛情を利用して、あらゆる方面からイギリス人である彼の価値観や習慣を否定してきた。「日本ではこうするのよ」の一言で、彼は次第に自分のやり方を変えていった。その結果、彼は外見とパスポートはイギリス人でありながら、中身はそっくり日本人となってしまったのだ。

その夜、彼は改めて告白した。イギリス人と一緒にいて疲れたのは今日だけでなく、ここのところ数ヶ月間ずっとそんな疲労が続いているのだと。

だから、サッカーの練習をしに出かける事も、週末ごとに六本木で開かれるパーティーも、正直苦痛だったと。かといって、日本では、私以外に心を許せる友達はおらず、出口のない不安感が続いていたと。

顔は青ざめ、足どりはフラフラしていた。床にポトリと落とした彼のアドレス帳には、ロンドンやマンチェスターに住む友人・知人の住所と電話番号がびっしり書き込まれていた。その○○ AVENUE とか High street とか○○ LANE などの地名を見ていると、私は目の前の彼がやはりイギリスからやって来た男性に間違いないという不思議な感慨におそわれた。

けれど今、リビングのソファーでぼんやりと横たわっている一人のイギリス人は、アジアの果ての小さな島国日本で、子供を連れた女性に骨の髄までしゃぶりつかれ、彼女の見果てぬ夢の犠牲となって廃人と化している。

そう思うと、全てが滑稽でもあった。

私の思惑を知らない彼は、それでも頑張り続けるだろう。愛する女性とその娘のために。

そして、私はその姿を全身全霊で感嘆しながら観察はするものの、決して幸せにはなれない。

私たちはどこまでも平行で、決して実現することのない夢に向かって、テクテク歩き続けるのだ。

その後、私たちは一緒にイギリスを旅し、賭けるような気持ちで、彼の両親の家も訪ねた。そのうち互いの価値観のズレから再び始まった口論の果てでさえ、眠りにつく時には奇跡の起きることを祈った。

それでも、彼の実家の屋根付きベッドの中で、泊まり歩いた地方の宿で、私は眠れなかった。

イギリスで私の前にたたずむRは、すでに日本にいた時の彼ではなく、どんな街角のパブにもいるような普通のイギリス人に戻っていたのだ。その表情は活力と自信に溢れ、北部なまりの英語は、まるで暗号のように私の耳を滑っていった。そんな彼を前に、私はもはや自分の主張は跡形もなく彼の中からどこかに消え去ったのだと思った。私が彼と一緒にイギリスに住むということは、そういうことなのだと――。

ここに来たら、私は日本で彼がしたのと同じ努力を積み、同じ重さの苦悩を背負うことになるだろう。そんな事はこの私にできるはずがない。憔悴しきって異国に暮らすのが、今度は私になるなんて、絶対に避けなければいけない。私の自我が夜ごとにそう叫んでいた。

そして、私はそれが正しいことだと、ある夜一人で紅茶を飲みながら結論を出した。銅像のように動かないRの寝顔の向こうには黒い窓があり、そこからはマントを着た老婆のように夜空いっぱいに枝を広げた樫の木が見えた。

　そして、夢のような日々は深い悲しみと共に終わってしまった。私たちはそれまでの自分であり続けることを捨てきれなかったのだ。


　私は今でも、彼と過ごしたあの歳月を思い出す。彼の言葉と共に。

「マンチェスターの僕のフラットには週末恋人がやって来て、大きなパインのベッドの上で一日中過ごすんだ。ピザを食べて、昼寝をして、テレビを見て、チェスをやる。全てはそのベッドの上でね。土曜の夜は彼女を連れて友達のパーティーで新しい人々に出会い、日曜日は僕のバイクでビーチや田舎に出かけて、空や森を見ながらずっと語り明かすんだ。お金がなくても、楽しい毎日は送れる。僕は君とそんなふうに過ごしたい」

　静かで、ただ在るがままを受け入れる。私がイギリスで見た夫婦の姿は、まさに彼の中に息づいていた。それに気付いたのは、彼と別れて、長い年月が経ってからである。

*section*

3

# クリスマスは農家で

イギリスでは国鉄、地下鉄、バスなど、あらゆる公共機関は十二月二十五日のクリスマスの日に一斉にストップする。もちろん、店もレストランも例外を除いては全てクローズになるから、街はゴーストタウンと化したように静まり返ってしまうのだ。

以前、パリとロンドンを結ぶユーロスターならクリスマスでも動いているだろうと、ヒースローに降りたった私は、数少ないタクシーを一台つかまえて、その発着駅であるウォータールー駅まで飛ばしてもらった。せっかくのクリスマスを辛気くさく過ごすより、パリでカキを食べてアウトレット回りをしようと計画していたのだ。いくら何でも、国際列車であるから運休という事はあるまいと思いきや、駅の周辺は異様な雰囲気で空気の流れすら止まっていた。

タクシーを降りて薄明かりに向かって走る。カツン、カツンと自分の靴音が聞こえるばかりで、駅の構内に続く全てのドアは鍵が掛かり、ビクともしない。

まあ、これまでもイギリスのクリスマスにはあらゆる角度から裏切られ、スケジュールを寸断された経験があるので、それなりに心の準備はあったものの、あの時は深く絶望した。まるで、この地上に自分一人が取り残されたようで、自分の浅はかさに泣きそうだった。

たまたま、タクシーの運転手が機転を利かせて、駅の様子を見に行った私をしばらく待っていてくれたので、ホテルの密集するパディントン地区まで難なく移動することができた。だが、もし、あのタクシーがとっとと走り去っていたなら、私は重たい荷物を引きずって、体感温度マイナス十度以下のロンドンをテクテク歩き続ける羽目になっただろう。まるで、シベリア流浪の民だ。

クリスマスともなれば、流しのタクシーはロンドン一番の目抜き通りであるオックスフォードストリートにも皆無だ。夕闇迫るこの都会に、濃厚な霧がもくもくと立ち始め、リバティーやセルフリッジデパートの陰からでさえ、ジキルとハイドや切り裂きジャックが飛び出してきそうな怪奇に満ちている。私はその様子をタクシーの中から眺めながら、行きそこねたパリを思い地団駄踏んだ。

わざわざ日本から十二時間、飛行機に乗って地球の裏側までやって来て、このクリスマスはないだろうと、その日はホテルでふて寝して終わった。

あれ以来、クリスマスをロンドンで過ごすことはきっぱりとやめた。その前の年は、イギリス中部の都市ノッティンガムでクリスマスイブにレンタカーを壊され、破られたドアからハンドルとオーディオを盗まれるという惨事に見舞われた。駆けつけた警察官の話によると、イギリス人はクリスマス休暇中、とにかく酒を飲むから、オーバーヒートした市民によるケンカや盗み、ひったくりが多発するのだという。

「ノッティンガムのような都会では、クリスマス中、旅行者はなるべく外出しない方がいいでしょう。警察もクリスマス休暇で人手不足になりますから、何かあってもすぐに対応ができないんですよ」

彼らは、私を戒めるように注意した。

「それでは、私はどこで何をやっていればいいんですか？」

わざわざ、私は冬休みを過ごすためにお金と時間を割いてこの国に来たのに、それはないだろうと言い返す。若い警察官は事故報告のリポートにペンを走らせながら淡々と言った。

「ホテルの部屋で、テレビを見てくつろいだらどうですか？」

私は「はぁ」と小さく言った。すると、もう一人の警官が付け加えた。

「今日はイブで、明日はクリスマスデーですよ。こんな日に、あなたは車に乗ってどこに出かけようと言うんですか。モーターウェイは人っ子一人いないし、ガソリンスタンドもほとんど閉まってますよ。何かあったらどうするんですか！　こんな日は家族とテレビを見るに限ります」

またまた、私の旅の計画がつぶされそうになった。

結局私は、その時もムキになってノッティンガムからモーターウェイM5を南下してバースに向かった。けれど、その道中は忠告を無視して交通事故でも起こしたら本当にどうしようと、気が気ではなかった。そんな経験から、一年後はパリに国際的脱出をしようと思ったが、すでに書いた通り、それもムダ骨に終わったのだ。

そもそも、月刊雑誌の編集長である私にとって、年末進行の原稿を印刷所とデザイナーに放り込んだ十二月中旬から一月中旬までが、一年のうちで最も休みが取りやすい空白地帯となる。だから、イギリスに落ち着いて滞在できるのは、必然的にこのクリスマスをはさんだ時期しかない。私にとってクリスマスとは、とりもなおさず、一年に一度の長期休暇と同意語なのだ。

このようなことから、日本人である私が、イギリスのクリスマスをどこでどんなふうに過ごすか、真剣に考えなければと思い始めた。

その時、フッと頭に浮かんだのが二十代の頃、イギリス人の恋人と何度か立ち寄った農家（ファームハウス）だった。広大な牧草地の中に母屋があり、そこに客室も何部屋か用意されている田舎のB&B（民宿）。

あのとき、農家のおばさんが淹れてくれた紅茶のおいしかったことは忘れられない。何か、牛乳がドロッとしてコクがあって、全麦粒の手作りビスケットと共に今でも忘れられない味となっている。あのコクは農場で飼っていた牛かヤギのミルクだったんだろうか……。思いは募る。

今年もよく働いたし、クリスマスくらいうんと静かな田舎の農家に泊まって散歩したり、テレビを見たりしてゆったり過ごすのもいいなぁ……。どうせ、じたばたしてもイギリス全土は休業中なんだし、八方ふさがりの中、トラブルや旅行の中断を余儀なくされる事態は絶対避けたいし……。思いはますます募っていく。

その結果、今年は名もない田舎の農家で、夫や娘と共に典型的なイギリスのクリスマス休暇を過ごしてみようという結論に至った。

どうせ行くなら、名もなく貧しく美しい、日本人などは気にもとめない田舎。田舎というより僻地がいい。コッツウォルズとかケンブリッジのように観光客がわんさかやって来る所ではなく、マナーハウスのように堅苦しい所でもなく、できれば、気どらない英国おやじが、奥さんと二人でトラクターを乗り回しながら切り盛りしている、羊やヤギのいる酪農農家がいいなぁ——と思った。

こんな時に役立つのが、以前ロンドンで購入した「The Best Bed & Breakfast」(U.K.H.M. Publishing Ltd.) だ。この本にはイングランド、スコットランド、ウェールズの中から厳選された一〇〇〇軒のB&Bが載っている。

掲載されている写真もすばらしくきれいで、ページをめくっているだけで、イギリスのカントリーサイドに瞬間ワープできる。これまで何度か日本から予約を入れるのに利用したが、はずれた事は一度もない、私の旅のバイブルである。

さて、私はその本の中からいくつかの目ぼしいファームハウスに電話を入れたが、クリスマス二ヶ月前だというのに、いずれも満室である。多分、私と同じ「今年のクリスマスはのんびり」と考えるイギリス人が多いせいだろう。その上、ほとんどの宿はクリスマス期間中は閉まってしまう。

途方に暮れながらも最後の一軒と、デボン州のファームハウスに電話をしたところ、

「えーっと、昨日、キャンセルが一組出たもんで、今ならお部屋取れますー」

と言われた。その主人の声はとてつもなく訛ってて、限りなく人が良さそうなので、

「お願いします」

と即決してしまった。

『サンプソン・ファーム』というそこは、イギリスの南西部デボン州のプレストンという、地図で見ると集落のような小さな村にある。大聖堂で有名なエクセターからも車で一時間はかかりそうだ。地図を見ながら嬉しさが込み上げてきた。あの訛ったアクセントといい、この辺鄙《へんぴ》さといい、これこそ、私が望んでいたクリスマスの舞台だ――と。

さて、胸をときめかせ到着した『サンプソン・ファーム』は実際どうだったか。

出発の日は、朝から不吉な空の色が気になった。早朝、アイルランドのダブリンを出てフェリーに乗り継ぎ、接岸したホーリーヘッドでレンタカーを借り、ウェールズの山間を抜けながら約三〇〇キロの道のりを経て、一日で『サンプソン・ファーム』に行こうという強行軍を決行した。冬の突風が吹き荒れる中、横風に押し倒されそうになりながら、またもや、モーターウェイM5をシュールズベリーからエクセターに向かってひたすら南下した。

中間地点のバーミンガムでは、次々と現れるジャンクションに疲労困憊して、何度もロンドン方面に進入しそうになり肝を冷やした。

結局、大幅に到着が遅れそうなので、途中で宿に電話を入れたものの、プレストンに着いたのは夜十一時近くになってしまった。真っ暗な田舎道を送られてきたFAXだけを頼りに進んでいく。プレストンという街は『テン・トイス・イン』というパブ以外、どこまでもテラスハウスが並ぶ郊外の住宅地だった。果てしない牧草や丘陵をイメージしていた私は、暗がりに浮かぶその風景に大いにがっかりした。

今日一日、三〇〇キロの道のりをドライブして、手に入れた環境がこれではあまりにも報われない。

イギリスの田舎なら、それらしく何かもっと古い教会があったり、小さな川に架かる古い石橋があったりしてほしいのに、これは、ただのニュータウンじゃないか。

もしや、これから行く農場（ファームハウス）は、イギリスによくある子供向けの「動物王国」みたいな、にわか作りの宿泊場付き遊園地かもしれない。そして、もしや「機関車トーマス」なんか走っていたら、私は怒りのあまり卒倒するかもしれない。

ひょっとしたら……と嫌な予感は尽きない。周辺にこれだけのニュータウンが広がっているんだし……。

私が不愉快な想像を始めた時だ。いきなり、私たちの乗ったフィアットは、コンクリート工場のような石切場を通過した。

「この辺にあるはずだよ」

夫はヘッドライトを遠目にしながらキョロキョロしている。見渡す限り、ただの空き地が広がっていて何もない。あぁ、夢にまで見た羊や白鳥がたわむれる牧歌的な風景はどこにあるのだろう。私はまた、はずれくじを引いてしまったのだろうか。

「これじゃ、東京湾の埋め立て地じゃない」

私は運転席の窓を全開にして、徐行運転をしながらあたりを見回す夫に文句を言い始めた。夫は、そんなことは意にも介さず、運転に熱中している。

「やっぱり、この道じゃないかな。これ以外に該当する進入路がないんだよ」

私たちは道路地図とＦＡＸを交互に見ながら、公道から真っ直ぐに伸びた細いじゃり道を見た。まるでヤブのようなうっそうとした茂みにはさまれ、車がやっと一台通れるぐらいの狭さだ。

パンフレットによると『サンプソン・ファーム』にはレストランもあるという。けれど、この道の先は家らしき影は全く見えない。まして、いくらイギリスの田舎といえども、公道からとんでもなくはずれた場所でレストランなど経営できるはずがない。

私たちは恐る恐る車を徐行させながら、その細い道の奥へ奥へと進んで行った。私も夫も娘も無言状態だった。まったく見知らぬ場所に深夜到着することほど不安なものはない。たいていは、朝日と共に、

「あぁ、こんないい所だったのね」

となるわけだが、道ばたに巨木がうねっている以外何もないこの僻地からは、そんな嬉しい予感も遠のくばかりであった。

「これじゃ、引き返す時大変よね」などとブツクサ言いながら、どのくらい進んだだろうか。

突然、ぼおっとオレンジ色の光に照らされて『サンプソン・ファーム』と書かれた看板と、本で見た通りの藁葺き屋根の農家が現れたのだ。

「あった！」

三人はほぼ同時に声を上げ、一刻一秒を争うように車をパーキングに入れ、外に飛び出した。

じわりと枯れ草の匂いを含んだような空気が流れてくる。遠い昔の、懐かしい動物園の匂いでもある。数台の車以外はやはり何もなく、見渡す限り星が降り注ぐ真っ暗な闇の中、私たちは宿の入口に向かって一目散に歩き始めた。

そもそも、この『サンプソン・ファーム』は十五世紀半ばのイギリスの南西部によく見られた、典型的な農家のスタイルを今にとどめている。この周辺でも名だたるファームハウスらしい。もともとは、家屋と牛舎の入口の部分をつないだ長屋だったという母屋は藁葺き屋根で、いつかストラットフォード・アボン・エイボンで見た、シェイクスピアの妻の生家を思い出した。

あの時は、クリスマス中だというのに日本人、アメリカ人の観光客がわんさかつめかけて、朽ち果てた藁葺き屋根に向かって「オー、シェイクスピアー」とシャッターを切っていた。それに比べ、この骨董店のような農家の静まり返った様子はただ事ではない。

私たちは重たい木のドアを押し開けるため、要領の分からない鉛の蝶番《ちようつがい》をガチャガチャと右に左に動かしていた。すると、扉の向こうから中年の女性の低い声がした。

「何かご用ですか」

その冷ややかな声に、私はとっさにバカ丁寧に応対した。

「遅くなりました。何しろ強風でスピード制限が出ていたもので、モーターウェイを飛ばせず……あの、私は先ほど電話を入れた……」

言葉が終わるか終わらないうちに、目の前にはでっぷりとしたこの宿のおかみらしき女性が立っていた。セーターに着古したエプロンをかけ、手にはティータオルを持っている。金縁の眼鏡がキラリと光った。台所仕事の最中だったようだ。

「大丈夫ですよ。まだ一組、この強風で到着できないお客さんがいるんですから、私たちはその方たちを待たなければならないんですから」

表情はピタリと止まったまま淡々と話す口ぶりに、日本からの電話で正直、熱血農家ファミリーを期待してやってきた私はがっかりした。これから三日間、この一本調子の喋りを聞かされるのかと思うと、長旅の疲れが肩の上でドッと十倍に膨らみそうだった。

こんな時、英語がほとんど分からない夫と何事にも無関心な娘は得である。二人共、通された『アイデアル・ホーム』のグラビアページのようなカントリー調の部屋に大はしゃぎであった。

この農家はその昔、不幸にも火事に見舞われたそうで、その時修復された天井はオーク材の太い梁が縦横に走っており、小さな木枠の窓や白い塗り壁など、全てがコジーな（心地よい）田舎の雰囲気をかもし出している。

私たちの部屋の真下には小さなラウンジがあるようで、時々ざわめきのような笑い声が聞こえてくる。一日中英語を喋り、アルファベットのスペルを目で追っていると夜にはグッタリと疲れる。私はベッドにゴロリと横になると、そのまま意識が遠のいていった。

それにしても、今日は十二月二十四日クリスマスイブだ。何とあっけなく今日の日は終わってゆくんだろう。イギリスの田舎にいる事以外、なんら普段と変わらない夜だ。

その時、夫が遠くで娘に話している声が聞こえた。

「さあ、酒が俺を呼んでいる。下にバーがあるんじゃや、飲まないわけにいかないな」

「だって、イギリス人ばっかだよ。お父さん英語できないくせに。ママはもう寝てるしどうするの」

娘がブッブツ言っている。英語より体力の問題だよと私は言いたかった。不眠不休でアイルランドからこのイギリスの西の果てまで一日で移動したのだから。

私はそう言おうとしたが、それは言葉にならなかった。それに続いて娘も静かになった。そして、コッソリと部屋を出ていった夫をよそに、私たちはクリスマスイブの深い眠りの海に沈んでいったのだった。

翌朝、朝食の時間に間に合うように目覚まして起きると、床の上に頭をつき落とし、いびきをかいて爆睡する半裸の夫の姿があった。

「何してるのよ。時間だから、起きて顔洗ってよ」

と、揺り起こす私の声に彼は驚き、床に転げ落ちてしまった。その巨体はクジラのようである。

「勘弁してよ。昨夜《ゆうべ》、三時まで飲んでたんだからさー」

やおら体を起こし、頭が痛いと文句を言い始めた。夫が言うには、階下のバーに下りて行き、一杯飲むつもりが、宿泊客のイギリス人の若者たちにつかまり、最後にはカンフー大会になってしまったという。

「すごい金髪美人の女の子がいて、武道を教えろ、ってみんなで盛り上がるから抜けられなかったんだ。こりゃ、毎晩大変なことになるな。あいつら、今日も飲もうって言ってたからな」

何だか訳が分からず下に下りてゆくと、昨夜、チラリとのぞいたこぎれいなラウンジは、タバコの吸いがらの臭いと、飲みかけのグラスで見違えるほど汚くなっている。赤々と燃えていた暖炉の火は消え、小さな窓からかすかに入る朝の光に、冷たい部屋の空気がゆっくり動いているのが分かる。『サンプソン・ファーム』ご自慢のアンティークで飾られたこのラウンジでカンフーをやったなど、あの金縁眼鏡のおかみは何と思っているのだろうか。

私は、鼻歌を歌い朝食を食べる夫の横で肝を冷やして座っていた。幸い、おかみのサービスは良く、夫に「昨夜はよく飲んだわね」と声をかけていたので、問題はないようだ。

朝食メニューは農家らしく、あらゆるシリアル——オーツ麦やフルーツ、ナッツが入ったブランミューズリや有機穀物のフレークなどがサイドテーブルに所狭しと並べられていた。その横に、おかみ特製と思われる、季節の果物ごちゃまぜのシロップ漬けが大きなボウルに入っていた。リンゴ、キウイ、バナナ、イチゴ、グレープフルーツなどきれいな色どりはイングリッシュ・ブレックファストに飽きた私たちにとって救いの一品だった。

定番の卵料理やソーセージなども出されたが、いかにも農家らしいのが、薄くスライスしたじゃがいもをオーブンで焼いて、朝から皿に盛りつけてきたことだ。なぜ、こんな単純な料理がおいしいのか。多分素材の違いだろうか……などと考える。夫も二日酔いなどなかったかのように、ガツガツと食べ続けていた。

とはいえ、今日は十二月二十五日クリスマスだ。

私たちは、この『サンプソン・ファーム』でクリスマスデーのランチを予約していた。おかみの話だと、このランチは本日十二時半スタートだとか。私たちはそれまでに、朝食で膨らんだお腹を減らしてこなければならない。

「さて、どこに行こうか」

こんな朝は、できれば聖日としておごそかに過ごしたい。

私たちは地図を広げて、どこか片道三十分くらいの小さな街まで行き、教会を見つけてクリスマス礼拝に出ようということになった。

私は毎年、クリスマスには宿の近くの教会に行き、牧師の話を聞いたり、聖歌隊の讃美歌を鑑賞したり、礼拝後の祝会でミンスパイをもらったりしている。英語なので細かい部分は理解できないが、いつも行って良かったと思う。世界中、キリスト教の教会は来る者を拒まずなので、チョコンと末席に座っていると、必ず係りの人が聖書や讃美歌集を渡してくれる。

特に、イギリスはどんな小さな村にも教会があり、地方をドライブしていても、森の間から十字架をかかげた塔の頭が見えることがある。すると逆に、そこには村があり、店やパブもあるのだと分かる。

何か、人間の暮らしの中心に宗教とか神が在り、その周りを住宅や商店街や学校が取り囲んでいくというのは、住民が善意に傾いて生きられそうで、羨ましいと思う。

さて、プレストンから南に十マイルほど走ったところにトーキーという街がある。地図の上では、その地名が一回り太い活字になっているので、そこそこ賑わっている場所だろう。海も近い。クリスマスの日に海の街というのもいいなぁと、私たちはトーキーに向かって、フィアットを全力走行させた。

娘はクリスマス特番のテレビを見たいというので、一人部屋に残った。

『サンプソン・ファーム』の周辺は、朝の光の中で見てみてもポツンポツンと民家があるだけで、やはり何もない。遠くには馬のたてがみのように風に波打つ荒野が見える。あれが有名なダートムーアで灌木に覆われた丘のことらしい。その広さは九四五平方キロメートルにも及び、薮のような背の低いヘザーが所々に繁っている。私はイギリスをイメージする時、牧歌的と同じくらい荒涼という言葉を連想する。目の前の風景はまるで亡霊がうずまく「嵐が丘」の世界だ。

そんな、だだっ広い大地の起伏を小さなフィアットで走り続ける。名も知らぬ街に待ってるであろう教会を目指すのだ。

トーキーの手前数マイルのラウンドアバウトに「ようこそ、イギリスのリビエラへ!!」という標識が立っていた。そのコピーが余りに田舎くさいので笑ってしまった。

ところが、後で知ったのだが、ライム湾に面したこの一帯はザ・サウスコースト、またの名をイングリッシュ・リビエラと呼ぶマリンリゾートなのだ。シッドマス、エクスマス、テインマス、ペイントンそしてトーキーと、パームツリーとマリーナと安いB&Bが立ち並ぶ庶民的な海の街は、夏になると自動車道A380の渋滞に始まり、大変な賑わいを見せるらしい。また、トーキーは、あのアガサ・クリスティーの生まれ故郷であり、彼女が生涯愛した街でもあった。

とはいえ、イギリス有数の保養地ブライトンやドーヴァーのメジャーさに比べると、いくらイングリッシュ・リビエラとはいえ、トーキーの街は実に小ぢんまりとしている。小さな店のウインドーには、流行遅れの服や雑貨が並び、まるで湘南と西伊豆ぐらいの差がある。

私たちはハイストリートに車を止め、海に面した坂道の途中にある石造りの「セント・マリー・マグドレン」という教会に入った。イギリス人にしてみれば、何の変哲もない教会なのだろうが、その内部はステンドグラスと数えきれない彫刻に溢れていた。

礼拝にはトーキーでクリスマスを過ごすイギリス人観光客も何組か来ていた。

彼らの服装や立ち居振る舞いからして、労働者階級《ワーキングクラス》の一般市民であることは間違いない。時々、連れてきた子供を叱りつけながらも、牧師の話を珍しそうに聞いていた。

よく声の通るその若い牧師は、人もまばらな会堂をニコニコしながら見回し「メリー・クリスマス」を告げた後、話を始めた。

「昨晩はイブでしたから二日酔いの方も多いでしょう。これから、クリスマスランチに七面鳥やクリスマスプディングを食べようと、教会に来ても皆さんの頭の中はごちそうやプレゼントのことで一杯ですね。違いますか」

私は自分のことを見すかされているようでドキリとした。

皆、バツの悪い顔をしている。観光客の中には、小言が始まるのかと席を立ってそそくさと帰り始める者もいた。

それでも、牧師は微笑みを浮かべている。

「たとえば、私があなたの一番欲しいものをクリスマスプレゼントに差し上げたとしましょう。家、車、服、何でもいいです。それで、みなさんは満足できますか」

私は思わず身を乗り出し聞き入った。

「たとえば、観光でこの街にやって来た方に伺います。今、泊まっているホテルから、さらに素晴らしい、実はあなたが本当に泊まりたかったホテルに部屋を移したとします。そこであなたは、これが生涯泊まった中で最高のホテルだと思えるでしょうか」

私はさらに身を乗り出した。「あっちが安い、こっちがきれいだ」と宿探しに走り回る自分の姿が頭をかすめたからだ――。

牧師はそのあと静かに語った。

「人間の欲望に終わりはありません。それを追い続けても永遠にこれでよしとは思えないのです」

会堂からは咳払い一つ聞こえない。

「みなさん、もう一度クリスマスの意味を考えましょう。神が人間に愛という贈り物を与えた日だと知りましょう。そこから、私たちの深い満足が生まれるのです」

出席者の中にはしきりにうなずく者もいた。

私は偶然立ち寄ったこの教会で、牧師が語った言葉が、余りにも確信に満ちていたので驚いてしまった。

毎年、イギリスを訪れ、趣向を凝らし旅を続けてはみたけれど、たとえどれだけの情報を手に入れても、そこに時間とお金を遣ったとしても、得られない何かが歴然とあることを感じていた。それは、私がまるで食べ歩きでもするように欲求にまかせて旅をしていたせいかもしれない。新しい街に着けば、地元のフリーペーパーを読み、面白いショップやイベントに向かって走り出す。より変わった珍しい場所を求めて孤軍奮闘するのだ。

けれど、そこで得られる充実感や喜びは、時と共に何事もなかったかのように消えてなくなってしまう。その時に手に入れた骨董品やパンフレット、自分にとってかけがえのない品だと思っていた服や靴は、一年もたつと色あせて、ただの品物になってしまう。おいしい食事もデザートも、うすぼんやりと「そんなのも食べたっけ……」とやがて記憶の中からなくなるはずだ。

そんな結末が見えるだけに、大好きなイギリスを訪れることは、時に虚しくもなった。いや、イギリスだけではない。日本にいても何かを買ったり、食べたり、手に入れたりする時、ゾッとするほどの虚無感を味わうことがある。

その全てについて、これまで何故だろうと思ってきたことが、クリスマスの朝に解き明かされたようだった。

教会を後にした私は、トーキーの石畳の道を歩きながら、牧師が語ったこの言葉を英語が全く聞き取れない夫に伝えた。

「確かに、日本だけかと思ったけど、こっちに来てみりゃ、イギリスのクリスマス商戦もすごいもんなぁ。店やデパートも営業時間延長して、どのレジも買い物客で大行列作ってさ。ロンドンのオックスフォード・ストリートなんて、もう、地獄。馬に乗った警官が、人混みでひっくり返りそうになってたよ」

彼は思い出し笑いをした。

「かといって、アイルランドのダブリンもひどいわよ。人の波に乗ってデパートからデパートへ街中を移動するって感じで。どうでもいいようなセーターとかジュエリーをバーゲンでもないのに、よくあんなに買うなぁって圧倒されるわよね」

「欲しいもんって、きりがないもんなぁー」

夫がハイストリートの店先に立ち止まり、ショーウインドーの中に並んだ皮ジャンを見ながらつぶやいた。

「何かくだらないよね。クリスマスだからって、わざわざ買い物するために何かを探し出して、それにお金遣ったりするの」

私たちはその時、お互いにクリスマスプレゼントを何も用意してない事に気付いた。

でも、その方が良かった。こんな時に、たとえ何万円もする指輪や服を夫が贈ってくれたとしても、そこに意味は見いだせず、何だか腑に落ちない、みじめな気分になっていたはずだ。私は自分の虚しさのからくりを見つけた。それで充分満足だった。

「車に戻ろうよ」

という夫の言葉に続き、トーキーの坂を駆け上がり、二人で教会をフレームの隅に入れて写真を撮り合った。

カメラのレンズの真ん中には、なかなか焦点の定まらない彼のタバコを吸う顔が、うすぼんやりと揺れている。その向こうに見える教会の塔からは、クリスマスを祝う鐘の騒々しい音がトーキーの街の隅々にまで轟いていた。街を覆う空は、イギリスの十二月とは思えないほど澄んだブルーで、限りなく高い。海に面した高台に建ち並ぶテラスハウスからは、どんな景色が見えるのだろう。ぼんやりと立ち止まり、今年は善き場所でクリスマスを迎えたと思った。

たまたまガイドブックで見つけた農家に泊まり、たまたま広げた地図で知らない土地を訪ねる。偶然が生み出す体験の、何と刺激的で喜びに満ちていることか。

このために、私は一年間、一生懸命に働いてきたのだとため息が出る。この幸せは、何かを買ったりもらったりしても手に入らない深いものだ。夫は、乗り込んだ車のミラーの位置を何度もチェックしている。ランチの始まる十二時半までに『サンプソン・ファーム』に戻れるよう、車のアクセルをふかしスピードを上げる。その両横から、デボンの丘陵が夢のように広がっていった。

ところが、部屋に戻ると娘がブスッとしてテレビの前に座っていた。すかさず聞いてくるではないか。

「私、食事しに下に行かなきゃダメなの？　行きたくないんだけど」

私と夫は同時に声を張り上げた。

「どうしてー」

娘はスタンドで買ったスプリングレスをパリパリ食べながら口を尖らせた。

「だって、ランチは二人分しか頼んでないんでしょ。それを三人で分けて食べるなんてみっともないし……それに、イギリス人ばーっかりで気を遣うもん」

ここの主《あるじ》からは、昼といえどもクリスマスランチは、大のイギリス人の男性でもその量の多さに必ず食べ残すから、子供の場合は親の分を分ければ充分だと言われていたのだ。だから、テーブル予約は三名でも料理は二人分しか頼んでいない。それを理由に外国人嫌いの娘は、部屋に居残ろうとしているのがありありと分かった。

彼女の拒否反応の激しさは、言葉を喋る前からしつこいくらいにイギリスに連れて来られた、その幼児体験が仇になってるとしか思えない。

「アンタ、今、食べなかったらお腹すくでしょ。今晩は何も出ないのよっ」

私はかたくなにうずくまってる娘の腕を力ずくで引っ張った。大体、クリスマスの夜は、みんなお酒を飲んで酔っぱらう。食べるものといえば、チーズにクラッカー程度だ。ここ、『サンプソン・ファーム』でも、クリスマスの間、レストランは夜になると閉まってしまい、料理人は家に帰ってしまうと言っていた。

「食事が終わったら、また部屋でテレビを見てていいから、行こうよ」

私と夫は、逃げ出しそうな娘の前後をガードするようにダイニングルームに連れて行った。年頃になって、英語を話す外国人を異常に意識する娘にとって、デボン州の辺鄙《へんぴ》な宿で、生粋のイギリス人たちに囲まれることは、苦痛の極みのようだった。

『サンプソン・ファーム』のダイニングルームは二つあり、どちらもテーブルが五つ。二十畳程度の小さなものだった。天井にはやはり太い梁が通っており、床も露骨に右上がりに傾斜していて、テーブルの脚は肘をつくたびにガタついて危なっかしい限りだ。このいびつ感がカントリーコテージの風情なのか。

ともあれ、十五世紀の建物であるこの母屋は、主たちによって何度も手直しされ、居心地いいレストランとしてプレイストンでは大人気らしい。

ものの五分とたたないうちに、全部の席にカップルや家族連れが腰掛け、手にしたビールやワインを飲み、談笑を始めた。

ちなみに、イギリスでは、どこもクリスマスデーランチの予約は、例年十一月上旬には一杯になってしまう。以前、そうとは知らずにコッツウォルズの村々のパブをクリスマスの昼に訪ね歩いたが、

「ソーリー、フール（満席）」

と冷たくあしらわれ、「クリスマスデーランチ」と書かれた看板をうらめしく眺めたことを思い出した。特に『サンプソン・ファーム』のような農家の経営するレストランでは、肉から野菜に至るまで自家製。使う素材は全てホームプロダクツを売りにしてるので、クリスマス期間中はことさらテーブルを予約するのは難しい。

ちなみにこのランチは、一人四十ポンド（税込）。その時のレートで計算すると八八〇〇円である。

配られたメニューから、私は次のものをいただいた。前菜に生ハムメロン&いん

げんのスープ　ハーブとマッシュルームのサラダ　自家製ブレッド盛り合わせ　ドーバー産舌平目のチーズ焼き　レモンシャーベット　メインコースにローストターキー&デボンシャープディング&クランベリーソース　マッシュドポテト&温野菜　デザートにコーヒー　アップルクランベルのクロティッドクリーム添え。

夫は肉を食べないので、あらかじめベジタリアン向けの料理を頼んでおいたら、メインコースにタラのクレープ包みホワイトソースがけが出た。そして、脇役のポテトや野菜は、私の何倍も盛りつけられていた。

また、娘には料金はチャージしないからと、舌平目やスープなど、子供の好みそうな料理を少しずつ出してくれた。

私たちは恒例のクリスマスのクラッカーを両方から引っぱり、火薬の音と共に飛び出すマヌケなおもちゃや占いのカードを読んでは大笑いし、三時間かけて料理を食べ尽くした。あまりの量の多さに、少しずつ残してしまったが、あちこちのテーブルからは皿が変わるたびに「ラブリー」とか「グレイト」という感嘆符がもれるほど、料理はおいしかった。

皆デザートの頃になると、さすがに食べ疲れたのか、椅子にそっくり返って、「フゥーッ」と、ため息をつき天井を見ている。タバコはラウンジでしか吸えないので、夫はコーヒーが出ると、昨夜、一緒に飲んだというイギリス人の若者たちに誘われるまま席を立って行った。

私は夫の頼んだワイルドベリーのムースを娘と二人で食べながら、何か自分がとてつもないバカンスを堪能しているロイヤルファミリーの一員のような気さえしてきた。たかが、一泊三〇〇〇円程度のファームハウスに泊まっているのに、上質なクリスマスのこの瞬間を何とたとえていいのか分からない。

今朝のトーキーで感じた幸福感といい、この『サンプソン・ファーム』で迎えたクリスマスといい、今、私が欲しいのはバッグや服ではなく、こんな忘れえぬ経験なのかと思った。

歳をとるにつれ、人は経済的にも社会的にも安定した生活を送り始める。十代、二十代の若者が体を張って勝ちとる危なっかしい日々とは確実に違う、広い根を張った暮らしだ。それは、ややもすると永遠に同じ明日がやってくるような、退屈な人生の始まりでもある。そんな生き方は絶対に避けたい。

多分、イギリスに限らず、日本の中の小さな村でさえ、私が出会うべき人や文化は無限にあるのだろう。せっかく生きてきたんだから、「良かった。これを知らずに死ぬところだった」――と発見と感嘆を繰り返しつつ、それらを一つ残さず、この目で確かめて老いていきたい。それは、絶えず欲求を満たさなければ次がない消費文化とは別の在り方なのだ。それさえ分かっていれば、たとえ山ほどのごちそうを食べたとしても、それによって自分が歪んだり、焦ったりすることはない。本物の好奇心は、それが満たされた後、必ず何かを生み出す大きな力を私に与えてくれるはずだ。

中庭に面した小窓からは、暮れかかる冬の夕陽が金色の長い光をテーブルの上に投げかけている。

「すごいごちそうだったね。もったいなくない？　高かったんでしょう？」

人がまばらになった黄金色のダイニングで、娘が上目遣いに聞いてきた。

私は小さな声で答えた。

「アンタがこのクリスマスのことを思い出にしてくれればいいのよ。将来結婚して、子供ができた時に話してあげられるでしょ。ママは昔、おじいちゃんとおばあちゃんと三人でイギリスの田舎でクリスマスを迎えたんだよって」

娘の小さな瞳に、無限の長いレールが見える。

急に空想の世界に傾き始めた私を娘はけげんそうに睨みつけた。

「私、子供なんか欲しくないもん」

そう言って、スプーンをムースの中に差し込んでは、ベリーのかたまりを探し出し、無心に食べ続けている。キラキラと夕陽に光る娘の髪の毛を眺めているうちに、いつしかダイニングには誰もいなくなっていた。

隣のラウンジからは、夜が訪れる前に酔いが回った夫やイギリス人たちの奇声が聞こえてくる。

「ラウンジへどうぞ。何つったって——、クリスマスっつうもんは、子供のためにあるようなもんっすから——」

いつか国際電話をかけた時の、あの強烈に訛った英語が背後から聞こえた。

振り返ると、年の頃二十代の好青年がエプロン姿で立っている。よく見ると赤ら顔で、まだ、そばかすも残っている。私は本気で驚いた。

「あーっ、あなた若者だったのぉ」

「そうっす。それがどうかしたんすか」

「いえ、私はてっきりトラクターを乗り回す田舎のおやじかと……」

「うえーっ、それはないっすー」

彼は一瞬、ひどくプライドを傷つけられたように怒ってみせたが、ピシッと姿勢を正して自己紹介した。

「自分はナイジェル・ベル。このファームの主っす」

その横で、例の金縁眼鏡のおかみがつけ加えた。

「あなたのダンナは、上機嫌で飲みまくってますよ。これで、うちのギネスは全部なくなるんじゃないかしら」

彼女、ヘーゼルはこの若者の母親であった。

相変わらず淡々とした口調だったが、二人の立ち姿を見ていると、働き者で快活な息子を支えるおかみは冷静な母なのだろうと納得できた。

私は嫌がる娘をまたもやラウンジに引きずり込んで、その夜は結局、真夜中まで白髪のジェントルマンと三人でコインを賭け「スピード」や「ババヌキ」に興じた。ロンドンから奥さんと二人でやってきたというその老人は、一人でウイスキーを飲んでいたので、大喜びでこのゲームに加わった。

途中、夫と若者たちは、おかみのいなくなったキッチンに入り、どこで調達したのか、分厚いチェダーチーズのサンドウィッチと、玉ねぎのピクルスを山盛り作ってみんなに配り始めた。それが飛び火したのか、ラウンジで飲んでいためいめいが、部屋からクリスマス用の上等なミントチョコレートやウイスキーボンボンを持ち寄った。

嫌々トランプを始めた娘も、最初は澄ましていたが、しまいにはバケの皮がはがれ、その上品なジェントルマンに日本語で「さっさとカード配ってよ」だの「違うってば、そっちの番だよっ」と命令を始めた。彼はただただ「オーケー」「オーケー」と言いなりになるしかなかった。

やがて『サンプソン・ファーム』の歴史的なラウンジは、クリスマスの夜が更けるに従い、前日以上に散らかり始め、明け方の五時には四つの小さなテーブルに置ききれないほどの、空のグラスやタバコの空箱がひしめいた。

一人、また一人と千鳥足で部屋に戻ってゆく。

夫は半開きの目で、

「今日はゆっくり寝かせてよー」

とうわごとを言い、娘はさらに口をとがらせ、

「何で私が徹夜でトランプをしてあげなきゃいけないわけ?!」

と妻に文句を言われながら部屋に帰っていくジェントルマンの背中をにらみ、私に八つ当たりする。それでもその小さな口先がほころんでいるのを私は見逃さなかった。

激しい疲労の中にも、私たちの心にはじわじわと充実感がみなぎり始めた。それは、日本に帰って誰かに語り継ぐ時に、さらなる大きな喜びに変わるはずだと思った。

東京でクリスマスケーキを探して、深夜コンビニを走り回ったあの日。

パリでカキを食べようとイギリス脱出を試みたあの日。

ロンドンでデパートが閉まっていると大騒ぎしたあの日。

全ては過ぎ去りし日々の残像だ。

バスルームで歯磨きをしていると、窓からゆっくりと東の空が薄い青に変わってゆくのが見えた。向かいの馬屋では、ポニーが時折体を震わせ、そのたびに小鳥の群れがバタバタと屋根からデボンの空のかなたに飛び立ってゆく。

ダートムーアの荒れ野にも、薄いもやがかかり始めたようで、ますます鳥のさえずりもその数を増し、大地がムクムクと眠りから起き上がり始めた息吹を感じる。

そしてこの私は、その神聖な景色から目が離せない。

昨日とは違う今日の始まり。

トーキーの牧師が語った「神からの贈り物」がここにあった。

*section*

4

# スタイルは伝染する

時々、仕事で会う方々から、

「いい服着てらっしゃいますね。あちらでお求めになられたのですか？」

と羨ましそうに尋ねられる。「はい」と胸を張って答えるが、その金額を明かせば、もっと驚かれる事だろう。一着の値段は日本円で五〇〇円〜一〇〇〇円という安さ。しかも、その素材はMADE IN BRITAINのウールやツィード。クラシカルなリバティのプリント地で仕立てられている。羨望のまなざしを向けられるスカーフ、アクセサリーに至っては一〇〇円均一の世界だ。

こんな上質の服が安く手に入るのは私がアウトレット狂だからではない。

これはイギリス全土に広がる「OXFAM」「Salvation Army」「Red Cross

Shop」など、地元のボランティアによるチャリティーショップのおかげだ。これらの店では、途上国の支援や様々な慈善事業への寄付のため、古着から生活雑貨、本までを販売している。

たとえば、手編みの乳白色のアランセーター。数日前にボランティア・ニッターによって編み上がったというカーディガンタイプの物が、ソールズベリーのチャリティーショップに展示してあり、たった七ポンド（約一二〇〇円）だった。ちなみに、手編みのアランセーターは、その生産販売の中心になっているアイルランドのゴールウェイでは免税価格でも一万円近くする。

もちろん、チャリティーショップというのだから、自分が払ったお金は、やがて誰かの役に立つ。途上国の人々を助け、時には環境運動や動物愛護のためにも用いられる。そう考えると、二重に意義深いショッピングである。

だが、なぜそれほど買い物に熱中するのか。そこには、もう一つの理由がある。

イギリスをはじめ、海外を旅すると、私はひどく現地のファッションに興味を持つ。これは何も私に限ったことではない。それどころか、日本人の海外旅行者など、みんな外国に行けば右にならえだ。

たとえば、成田空港の出発ロビーではハワイ、サイパン、グアムなど南の島へ旅立つグループが、どの人も一様に同じ格好をしている。真新しいスニーカーを履き、アディダス系のフリースやジャンパー、あるいはGジャンを羽織っている。ところが、帰国組は現地調達の派手なアロハに、素足でフローシャムのスリッポンなど履いている。新品同様のナイキのキャップは消え、赤や黄色のパナマ帽を深くかぶって、男も女もジャラジャラとヌメ皮やシルバーのネックレスをしているのまで同じ。まるで、南国のキザなロコだ。

これと同じ現象は、イギリス組にも当てはまる。大体、日本のガイドブックを見ると、イギリスは年中ひどく寒いように書かれてあるので、春や夏でもみんなハーフ丈の軽いジャケットを羽織り、その下にはストレートパンツをはいている。面白いのは、ほとんどの女性がスニーカーではなくハイヒールを履いている点。首からは、ルイ・ヴィトンなど有名ブランドのポシェットを斜めにかけ、見るからに金持ちふう、気合いが入っている。

私など、長年愛用して着古した、捨ててもいいようなセーターや靴しか履いていないので、成田空港でこれらの人々を前にすると、いつも身の縮む思いだ。彼女らはアジアの上品なマダムといったていである。

それが、イギリスから戻ってくるとどうなるか。まず、二十代の若い女性は九割がた『ローラアシュレイ』の店員のようになる。黒いベロアの帽子をかぶり、深い緑やグレーの上質ウールのコートは定番といっていい。靴は少しヒールのある黒のショートブーツ。コートの下には『ネクスト』か『トップショップ』(どちらも、イギリス全土に支店多数の人気ショップ)で買ったと思われる、柄物のセーターを着ている。

これが、中高年組になるとどうか。まず、バーバリーのジャケットかコートを着て、その下には『スコッチ・ハウス』またはエジンバラあたりで購入したと思われる、いかにも英国的色合いの赤や緑のカシミヤを着ている。毎年、必ず何名かは大判ウールのポンチョを体に巻きつけ、さっそうと税関を通り過ぎてゆく。

皆、旅先で手に入れた物をいち早く着こなし、現地で受けたカルチャーショックや感動をそのまま自宅まで持ち帰りたいのだろう。だが、どの国に行くにせよ、「せーの」でガラリと変わる日本人の着せ替えごっこは、目の付け所が同じなので、冷めた目で観察すると、とても妙だ。

多分、入国審査の席に毎日座っていれば、どの国で何が流行っているのか、免税店では何をメインに売っているのかが、手に取るように分かると思う。

そうは言っていても、私自身、その国に愛着が増すほどに、現地の人たちの普段着が欲しくなる。いつだったかネパールに行った時には、あのオーバーブラウスに太いズボンのサリーを彷彿とさせるバンジャビ・ドレスを着たくなった。発作的にカトマンズの旧市街を走り回り、インドラ・チョークのバザールで天の川ほどにスパンコールの着いたバンジャビ・ドレス（約二〇〇〇円）を衝動買いした。すっかり舞い上がりネパールでは何度か着たが、日本に帰ってからは着る機会も見つからず、タンスの肥やしになってしまった。

こんな経験を積みながら、衝動的な物まねだけは絶対によそうと思うようになった。

だからなのか。イギリスで同世代の女性をチェックする時、真似したいポイントを絞り込むことができた。

まず、服の色と素材である。特に冬場、彼女たちが着込んでいる上質なウール地の黒や紺のハーフジャケットは、日本のそれとは何かが違う。限りなく黒に近いあの紺色は、金髪の女の子が着ると、とても品良く映る。

最近、ロンドンでは雨後の竹の子のように『ギャップ』が増えてきた。今やカジュアルシェアNo.1だ。それに比例して、かの『ベネトン』は店舗の数が激減している。私が思うに、もともとアメリカン・カジュアルだった『ギャップ』のメインカラーである紺や生成は、イギリス人を含めた欧米人が、こよなく愛する色なのだ。だから、私はイギリスに行くと、紺色でウール一〇〇％のジャケットかコートが必ず欲しくなる。

次に目がいくのが靴。通勤途中のイギリス人の足元を見るとそのほとんどが合皮ではなく皮の靴を履いている。地方に行くと十代の女の子もイキに皮のショートブーツを履きこなしている。一時は、エアーマックなどハイテクシューズも人気だったが、それでもオーソドックスな皮の靴を履いているケースが圧倒的に多い。靴に限らず皮製品はバッグやベルトまで日常的に使われている。

イギリスに行き始めた頃は、皮=高い、という考えがあったので、労働者ふうのインド人たちが渋いウェスタンブーツや皮ジャンを着ているのを見て頭が混乱した。これはポルトガルやスペイン、トルコから、安くてデザイン性の高い皮製品が流れ込むので、皮を身に着けることがイギリスでは何も特別なことではないと後で知り納得したが。

ところで、イギリス女性は黒のカルソンに黒い皮のショートブーツをよく組み合わせるが、これがいかにもアッパーミドルな雰囲気だ。旅行中、自分のボロスニーカーをいまいましく感じるのもこんな瞬間。今すぐ、東京の自宅から自慢のワードローブを一つ残らず取り寄せたい、そんな衝動に駆られる。

だが、私が問題にしているのは、服装ばかりではない。女性を見る時、つい目が行くのは肌だ。イギリスには、時々振り返りたくなるほど完璧な肌をした女性がいる。アメリカより、フランスよりその比率は高い。これはイギリスの気候によるのか。一年のほとんどが、どんよりとした天気だから紫外線が弱く、シミ、ソバカスができにくいのかもしれない。

そんな彼女らの透けるように白い、ほんのり上気したようなピンクの頬など見ると、鏡で自分の顔を見るのがおぞましくなる。服装まではどうにか真似できたとしても、あの肌を手に入れるにはそれなりの手順がいるようだ。

こう思う時、いつも頭をよぎるエピソードがある。雑誌編集長を務める私は、時々、撮影に立ち合うことがあるが、外国人のモデルたちは必ずスッピンでやって来る。その中の何人かに「普段、ファンデーションはつけないの」と尋ねると、全員がとんでもないという顔で「ノー」と言う。

「アイシャドウと口紅はつけても、ファンデーションは絶対塗らない。あんなもの塗ったら、スキンはどうやって呼吸するの」

アメリカ人、イギリス人に限らず、そう答える子は圧倒的に多い。イギリスでもほとんどの女性がファンデーションを塗っていない。だから、ロンドンでデパートの化粧品売場を横切ると、あの強烈な香水の匂いと売り子の厚化粧に、ゲイバーを想像してしまう。

かのサマセット・モームも「約束」(The Promise) の中で、こう書いているではないか。

「あの塗りたくった顔というのが好きじゃない。誰も同じように見えてしまう。女性はバカだなあ、と思う。表情の張りをなくし、個性味をぼやかしてしまう。パウダーとか、ルージュとか、口紅なんぞで」

今、イギリスでは、以前にも増して「自然」という考えが主流になっている。地球環境を考え、動物実験を一切行わない「ボディー・ショップ」は、ますますその店舗数を増やしているし「ホーランド・バレット」のように自然化粧品や自然食品を扱う店は、小さな地方の街でも必ず何軒かは存在する。

それなら、いっそ高タンパクで高カロリー、脂肪も多いイギリスの食生活を日本食に切り替えればいいのにとも思うが、それは味覚の点で至難の技なのかもしれない。

その点、日本人である私は、食事の面では恵まれているとつくづく思う。豆腐や海苔、納豆だけで毎日過ごせるのだから、わざわざ玄米や有機栽培のブラウン・ブレッドを買い求める必要もない。

日本食こそが、健康や肌に最適なヘルシーフードなのだから。

ならば逆に、なぜ彼女たちはあれだけのチョコレートを食べ、砂糖やミルク入りのティーを毎日ガブガブ飲んでいて肌がきれいなのだろう。

その答えを、私はある日見つけた。

私が昔、何度か泊まったことのあるマンチェスターにあるB&Bの若奥さんは、やはり素肌が透けるように白く、ルネッサンスの絵画から飛び出してきたような気品があった。

その若奥さんに、どうしたらそんなきれいな肌をキープできるのか興味津々で尋ねたところ、彼女は小瓶を見せてくれた。

「私は自分で化粧品を作るの。これは、薬局で買ってきたアルコールにエルダベリーの花を漬け込んだ化粧水だけど、シャワーのあとにパッティングすると顔がしっとり潤うのよ。何より、自分で作るから安全だし」

その小瓶からは、かすかな花の香りがした。若奥さんはそれ以外にも、ミネラルウォーターにラベンダーの精油を数滴入れたボトルを冷蔵庫で冷やしておいて、スキンフレッシュナーの代わりにスプレー容器に入れて、首筋や腕に振りかけるらしい。

「イギリスでは、手作りの化粧品を使う人は多いわよ。自分で作れば成分もハッキリするし、肌に合うようにいくらでも調整できるからね」

もちろん、ここでいう化粧品は基礎化粧品のことだ。日本でも数年前、ヘチマ水やウグイスのフンなど、薬局で買える定番の化粧品をある女性誌で特集したところ、大変話題になった。

私はイギリスで、この手作り化粧品を目の当たりにした時から、いつか自分も精油やレモンや小麦粉なんかをグチャグチャかき混ぜて、オリジナルのクリームやパックを作ってみたいと思い始めていた。

だか、忙しくかつ手間のかかる作業が苦手な私のこと、未だに実現していない。けれど、素肌があれだけ美しい女性たちを見るにつれ、私もファンデーションとは手を切りたいと真剣に考えるようになった。

服や靴はイギリス全土のチャリティーショップで長年にわたりそれらしきものを集めてきた。あとは、スッピンでも耐えうる素肌を手に入れて、

「私は口紅とアイシャドウしかつけないのよ。これがイギリスふうなの」

と公言してみたい。どうせなら、好きなスタイルは徹底的にサル真似をした方がいい。

日本に戻って色々と調べた結果、美しい素肌を保つ一番の近道は洗顔がポイントだと分かった。四十代になっても透けるように白い肌の女性にその秘訣を聞くと、不思議と全員が「泡立て洗顔」を実行していることに気付いたのだ。

これは特別に用意する物は何もない。風呂場にある浴用石けんを使っても構わない。いたって経済的なやり方だ。（在日英国人はなぜか「クレアラシル」を使う人が多い）

まず、石けんを洗面所でピンポン玉ほどに泡立てて、その泡で顔を包むように洗う。この泡立て洗顔は、きれいな素肌を作り出す世界共通の美容術だ。イギリスで

も、バスルームで普通の石けんを手のひらに塗り、少しずつ水を加えて必死で泡立てているおばさんを見た。

きれいで大きな泡ができると、下に垂らさないように細心の注意を払いながら、手のひらの真ん中によせ集めていく。ムース状の大きな泡になるまで、何度も指で泡立てをする。ちょうど、お抹茶を点てるように。次にその泡でなでるように顔を洗う。決してこすってはいけないそうだ。

さて、洗顔後は何度もすすいで、完璧に石けん分を落とすことが大切。タオルで水分を拭きとると肌が殻をむいた卵のようにツルツルになっているはずだ。

その後はめいめいのスタイルで肌に潤いを補給する。

「生涯ファンデーションは使わないわ」と言っていたヨークに住む六十代の手芸家は、洗顔後、卵の白身を泡立てたパックを顔にぬっていた。

「町で売ってる化粧品は信用できないわ。私は口に入れてもいい食品を肌にも使うの」

これが彼女の信条だった。

肌がくすんだといっては、きゅうりをスライスして顔中にベタベタ貼る。目の下にくまができたら、冷蔵庫から使用ずみの紅茶パックを取り出し、まぶたの上にのせる。このひんやりとした感触は、眠気もとってくれるそうだ。

だからだろうか。彼女の家の化粧台、バスルームの棚はいつも閑散としていた。肌に必要なものは全て冷蔵庫に入っているからと彼女は言う。旅先でも、ホテルの石けんを泡立て、スーパーでヨーグルトや野菜や卵を買ってきては肌をパックするらしい。

その結果、彼女は六十代とは思えない素肌を維持している。多分七十代になってもその美しさが変わる事はないだろう。

「日本の女性はなぜスキンケアにあれだけのお金をかけるのかしら。空港の免税店でもブランドの高級基礎化粧品をよく買ってるわよね。日本人の毛穴は欧米人のより大きいから真剣にケアーしないとすぐにシミになるからかしら。それなら同じお金をかけてもっと無添加の野菜や穀物を摂るべきなのにね」

彼女のような美しい素肌を持つ女性の暮らしに触れて、こんな事を言われれば確かに日本人はナンセンスだと思う。

イギリス人がほめ言葉の中でよく使う、「Natural growth」――自然に育っていく――という感覚は、おしゃれを極める時にも不可欠な要素なのだ。

ちなみに二十代の働くイギリス人女性が一ヶ月に美容に使うお金は平均四十ポンド（約六八〇〇円）だと聞いた。これに対して同世代の日本の女性は一ヶ月平均四万円だそうだ。

日本に来て一年たつイギリス人の英語教師と話をしていたら、彼女はある事にとても驚いていた。

「月曜日のクラスで、週末何をして過ごしたかたずねると、九〇％以上の生徒が『ショッピング』って言うのよ。必要な物があってもなくても、彼女達は毎週、街やショッピングセンターをウロウロするのよ。他にやる事はないのって、いつもノドまで出かかるんだけどね」

ちなみに彼女は二十六歳。稼いだお金は、「目に見えない物」に使うのだそう。

旅、本、音楽、友達に会うこと……決して「目に見える物」ではないのだ。彼女は言った。

「第一、私は働きながら外国《ここ》で暮らしてるから、買い物をする余裕もない。でもね、おしゃれ以外何もしなかった女性と三十代で必ず差がつくと信じてるわ」

私は頷くしかなかった。

日本で流行り始めたシンプルライフ。

これまでの消費生活から全く違う土壌にワープして、オリジナルなスタイルを作り出したいと、バブルが終わった頃から多くの日本人は心のどこかでもがいてきたはずだ。

自然に成長できる楽しさ、無理のなさをもっと私達が実感できれば、多分、世の中の流れは変わるはずだ。消費生活も、おしゃれも、そこから生まれるスタイルも――。

話をもどすが、ウェールズのB&Bで一緒になったイギリス人の女の子たちが、食事の後で私を呼ぶので、何かと思ったら、私の顔をジロジロ見て感嘆するのだ。

「あなたの顔はすごい。絶対、四十代には見えない。宿の人から、あなたの年齢を聞いてショックを受けた」

私こそ、彼女たちの唐突な言葉に何と言っていいか分からず、

「日本人はみんな若く見えるのよ」

と言い訳がましく対応したら、その中の一人が目をつり上げて大げさに反論した。

「ノー。あなたの顔は特別よ。私は二十三歳なのにソバカスだらけ。中年女のようだわ。こんな私があなたの年になった日には、老婆のような顔になるわ」

縮れ毛で、少し太ったその女の子の顔を見た。確かにソバカスがひどい。ニキビの痕もきれいに治ってない。まるで、数年前の私の顔だと思った。

けれど、その娘の表情は素肌にも増してよどんでいる。どこか卑屈で、後悔の多い毎日を送っているようだ。

「肌の汚い人は何かある」——これは私が八年前、自ら編集長を務める月刊『ミスター・パートナー』の読者にアンケートを取った時、引き出された結論だ。

思うに、服も靴もそして肌も、全ては素材でその善しあしが決まってゆく。素材が上質であれば、多少の縫製ミスや地味なデザインは十分にカバーできる。むしろ、オリジナリティとかセンスを感じさせるのではないか。そして、これは顔にもいえることではないか。

そして、もう一つ。いい素材とは、自然の恵み豊かな環境がなければ作り出せない。きっと「Natural growth」の根本には「自然の中であらわになる」ことが含まれているはずだから。

そんなこととの一切に無頓着な人はぜい肉がつき、化粧でごまかした素肌は年と共にますます汚くなってゆく。そうすると、ますますイラつき、マイナー志向になり、おしゃれからも遠ざかってゆくのだ。

イギリスに何度行っても面白いのは、自分をとことん美化するパワーに溢れた女性と、それらの一切を尻目に、不平やぐちを繰り返す、見切り組との格差が、あまりにも激しいことだ。

そんな二つの人種を見るにつけ、自分は今、どちらに属しているのかと考えさせられてしまう。

*section*

5

# フィンドホーンの精霊

以前、仕事で知り合った日本人のアロマセラピストが不思議な事を話してくれた。彼女がイギリス留学中に視察で訪れたフィンドホーンという村での出来事である。ちなみにここは世界中からあらゆるエネルギーが集まってくる磁場センターらしい。そのパワーポイントの中で、コミュニティーの住人たちは瞑想をしたり、巨大な野菜を作ったり、クリスタルでエネルギーを集めたりしているのだとか。

彼女の話はこうだ。

「その日、私は、フィンドホーンに向かう途中からとてもお腹が痛くなったので、フィンドホーンに着いてそこに咲いていた大きな花のつぼみの下に身を寄せて瞑想したんです。つぼみは植物のエネルギーが詰まっている部分だから……。そしたら薬を飲んでも治らなかった痛みがたちまち消えたんですよ。その時、植物は生きて人間にエネルギーを与えてくれてるんだって気付きました。そういう力があの場所には確かにあるんだと」

私はこの話を何年もずっと心のどこかにとどめておいて、折に触れ思い出していた。また、機会があればこの不思議な共同体をぜひ訪れてみたいとも思っていた。だが、毎年イギリスに行っているのに、その足がかりや情報は全く聞こえてこなかった。

もっとも、このフィンドホーン共同体自体は一九七〇年にフィンドホーン財団として公式に認可されている。今やイギリスはもとより、世界的に有名な精神世界の本拠地であるらしい。本当に行く気なら日本国内においても精神世界の雑誌や本、ワークショップでフィンドホーンの情報はたやすく手に入ったはずなのに、そこまで私が真剣になっていなかったのだろう。

ところが、潜在的に気にしている事はいつか成就される。——これは私の経験上たびたび起こることだが——。ある日、私は、このフィンドホーンを訪れる機会に恵まれた。それも突然にだ。私が編集長を務める月刊『ミスター・パートナー』の広告主の一人が偶然にもここで開催された国際フラワーエッセンス大会に出席していたのだ。

さっそくその広告主の紹介で、フィンドホーン共同体で二十二年フラワーエッセンスを作り続けるマリオン・リーにアポイントを入れた。

ちなみにフラワーエッセンスとは、選ばれた特質を持つ花々を摘み、透明な水を張ったガラスのボールに浮かべ、太陽の下でその波動を転写させた後、ブランデーや特別な湧き水で希釈された液体のこと。

花のエネルギーは微細でも、その癒しのエネルギーは力強く、このフラワーエッセンスを飲むことにより心の深い傷が癒されたり、人生における重要な決意がついたり、病気やケガで一命をとりとめたという、興味深いデータまで数多く報告されている。

日本では故エドワード・バッチ博士の名前と共にここ数年来雑誌でもたびたび紹介されてきた。

自分でハーブガーデンをせっせと作っている私も「バッチ博士」や「フラワーエッセンス」という言葉は何となく知っていたが、とりたてて特別な興味はなかった。ただし、「フィンドホーン」となれば別である。昔聞いた不思議なエピソードと共に、心のどこかに長年ひっかかっていたのだから、それを解明しなくては気がすまない。

たまたま、雑誌の仕事で渡英する予定があった私は、すかさずフィンドホーンの場所をこの広告主にたずねた。スケジュールに余裕はなかったが、行けるものなら行ってみたい。彼は軽く言った。

「北スコットランドのインバネスから車で三十分ぐらいですよ」

私は手を打った。偶然、インバネスは今回取材先に組み込んであったからだ。レンタカーを手配すれば半日を調整するだけでフィンドホーンに行くことができる。長いこと心の中で止まったままだったフィンドホーンへの興味が、再びモーレツなスピードで頭をもたげてきた。

イギリスの道路地図を広げると、ネス湖で有名なハイランド一の都市、インバネスの東二十五マイルの海岸沿いに「フィンドホーン」は小さく記されていた。

広告主氏は出発前、電話で静かに私に言った。

「フィンドホーンにかかわり始めると、不思議なことがどんどん起こりますよ」


はたして、実際に訪れたフィンドホーンとはどういう場所だったか——。

七月だというのに肌寒く風の強いヒースロー空港に夕方到着後、ロンドン・ユーストン駅から夜行寝台列車に乗りインバネスに向かう道中も、私は未知のものに出会う興奮でなかなか寝つけなかった。客室のベッドから起き出し、夜中の十二時というのに客もまばらな車内のラウンジに行く。ギネスを飲みながら走り去る窓の外の夜をぼんやりと見ていた。商業ネオンが全くないイギリスの暗闇の中に、時差ボケした自分の顔が所在なく揺れている。

こんなふうに繰り返しイギリスにやって来る私の人生は、この夜行列車のように猛スピードで眠りから覚めるとやがて終点まで辿り着いてしまうのかもしれない。田園風景や羊やパブや色とりどりのイングリッシュガーデンが、すでに自分にとっては、ほとんど重要な意味を持たなくなってきているというのに、今もこうして何かに期待を抱いて、日本からもロンドンからもはるか遠いスコットランドのはずれの小さな村へと向かっているのだ。

考えてみれば、自分が驚き、憧れ、胸踊らされる出来事は、もうそれほど多く人生の中に残っていないのかもしれない。あるいは、これまでの私の数々の体験を飛び越えても余りある衝撃的な発見が、この広い地球の中のどこかにまだ眠っているのだろうか。

飲み干したグラスにギネスの白い泡がブクブクと残っていた。後方のブュッフェのそばのテーブルには、夜勤の車掌が明日の朝食リストを熱心にチェックしている。白髪の彼は「好きなだけ飲んでていいですよ。このラウンジは到着するまで一晩中開いていますからね」と言っていた。時折口笛を吹いては通りかかった係員と短い会話を交わしているその同じ空間で、闇を突き抜けてひたすら走り続ける列車の音が頭に広がりだした。私は何本目かのタバコをもみ消すと、よろめくような振動に揺れながらコンパートメントに戻った。

列車はハイランドの荒々しい木々をかき分けるようにして早朝インバネスの駅に着いた。レンタカーの手続きをすませると、私は国道A96を東に向かって走った。ハイランドの弱い陽の光に照らされて道の両側に真っ黄色の菜の花畑がカーペットのように広がっていく。途中、Nairnというほとんど人影のない田舎町を走りぬけた。国道沿いの教会に「FOR SALE」の看板が下がっているのを見た時、我が目を疑った。イギリスをほうぼう旅する中で、このような石造りの天空まで突き抜けるような塔を持つ古い聖堂が売りに出されているのを見たのは初めてだったからだ。

フィンドホーンという精神的な場所とこの教会を物件に見立てて売買するような住民の価値観がとてもちぐはぐだ。それがスコットランドの北海に面した見るからに貧しそうな地域で同時に起きているとは何かの暗示かと深く考えた。

私はマリオン・リーから日本にFAXされてきた地図を見つつ、彼女のオフィスのある『フィンドホーン・キャラバン・パーク』を目指した。国道を外れてからは、ほとんど草木のうっそうと繁った海岸沿いの空き地を走り続けた。商店も家もなく、時折りゴォーッと耳をつんざくインバネス空港を離発着する飛行機の爆音が聞こえた。

夏だというのにフロントガラスを叩きつける雨と風に車がガタガタと小さく揺れる。空はあくまでも灰色の雲が低く低くたれ込め、この小さな車とその中にいる自分までを押しつぶしそうだ。

さっきまで道沿いに咲いていた可憐な野の花は姿を消し、ゴースと呼ばれるハリエニシダがあるのみ。本当にここが人々の目指すフィンドホーンの入口なのか不安になった。

実は、私はここに来る前に何冊かのフィンドホーンに関する本を読んでいたのだが、とりわけ、その中の一冊『フィンドホーンの花』（原題 Flight into Freedom　アイリーン・キャディ著　日本教文社刊）に深く心を動かされた。

この本はフィンドホーン共同体の創設者の一人であるアイリーン・キャディが内なる神からのガイダンスを受け「真実の愛」に目覚め、魂の自由を得るまでの苦難の道のりを書き綴った実話である。アイリーンは写真で見る限り、イギリスの地方都市に暮らす白髪をきちんとセットした母性的なミセスである。その彼女が、エジプトのアレキサンドリアで生まれてイギリスに家族と共に移り住み、空軍将校と結婚して五人の子供をもうけた後に、彼女の生涯のパートナー、ピーター・キャディと出会う。ニューエイジとか霊的存在に全く無縁だったアイリーンは、このピーターと恋におち、夫から逃げるように彼と夫婦になるが、その代償に五人の子供たちから引き離されてしまう。悲しみにくれたアイリーンは、イギリスの古い町グラストンベリーで、ある日突然、内なる声を聞いた。

「落ち着きなさい。そして私が神である事を知りなさい」

それは、ふいをつく出来事だった。彼女は一瞬自分が気が違ったのかと動揺した。それが神からのガイダンスの始まりだった。そして、それは同時に苦難の日々の始まりでもあった。

前夫によって子供たちとの再会は絶望的になり、北スコットランドに浮かぶマル島の小屋に食べる物もなく取り残され、自殺すら失敗する。また、夫であるピーターの前妻が、アイリーンを霊的な世界へ導く教師役として、二人の生活に深く関わってくることも耐え難い屈辱だった。それでも、アイリーンは毎日神からのガイダンスを受け取り、それを実行していく。それは幼な子を諭す父親のように暖かく、限りなく愛情に溢れた言葉だった。

「怖がらないように。私は常にあなたと共にいます」

やがて、アイリーンとピーターはこの地方で最も由緒あるクルーニーヒルホテルの支配人となり成功を収めるが、突然の解雇通知に打ちひしがれ、フィンドホーンの海岸近くに停めてあった自分たちのトレーラーに戻ってゆく。預金もなく、仕事もない。やがて、冬になり偶然辿り着いたのがフィンドホーン村から一マイル離れた『フィンドホーン・ベイ・キャラバン・パーク』だった。ゴミ捨て場同様の小さな窪地から始まった彼らのトレーラー暮らし。

まず、ゴミの中に捨ててあったセメントを使いパティオを作る。完全な自給自足が始まった。ところが、自分たちが食べるレタスとラディッシュを作るために耕した小さな畑に異変が起きた。それは、やがて、世界中の園芸家が驚嘆するほどに巨大な野菜を作り出す菜園に発展していったのだ。

なぜ、北風の吹きすさぶやせた砂地に、見事な野菜や完璧なまでの花々が咲き続けるのか。彼らが言うように、本当にフィンドホーンでは自然の精霊たちが人間と共に働いているのか。たちまちその噂はイギリス全土に広がった。やがて、フィンドホーンは世界中のスピリチュアルなニューエイジのみならず、一般の人々までもが注目する場所になる。

「私はこの土地を将来、人類にとって大きな役割を持つ特別な土地に変えます」

アイリーンが聞いた神の言葉は本当に成就されたのか——。

真実のストーリーが持つこの本の迫力に私はひどく魅きつけられた。だが、それ以上に、愛する子供たちとの別離や、自分が選んだ人生への後悔、近親者からの重圧、貧しい暮らし、そんな生きてゆく中で誰もが体験する苦難を乗り越えて、ひたすら内なる声に耳を傾け続けるアイリーンの生きざまが、心の深い部分におちていったのだ。何か問題が起きた時や人生の指針が必要になった時、自分の内側に静かに目を向ける。

この本を読むと、そこにはまだ知り得ぬ未知の何かが在るのだと思える。

ところが、あれだけの苦難を乗り越え、人生を達観し、本当の自由と平安を手に入れたかのように見えたアイリーンは、夫であり共にフィンドホーンを創設し、支え合ったピーターに離婚を余儀なくされる。

「アイリーン、君とは霊的なつながりだけで、一度も心を開くことができなかった」

彼は何度か他の女性と恋におち、アイリーンを傷つけた末はっきり言い渡したのだ。

生きてゆく悲しみがひたひたと押し寄せる。決して思い描いた通りには進まない人生。それでも、アイリーンは講演旅行で世界中を回りながら内なる声を聞き続け、最後は本当の魂の自由を得るのだった。

気が付くと『フィンドホーン・キャラバン・パーク』の看板が見えた。砂利道の所々に雨で大きな水たまりができている。ゆっくりハンドルを切ると、入口付近にレインコートを着た三十代前後の女性たちがスコップやトロッコを持って庭仕事をしていた。吹き付ける強風にあおられながらも、実に楽しそうに体を動かしている。その顔は喜びに溢れて、まるで光がはじけた瞬間のようだ。

『すべての国、すべての人種、すべての信条の人々が、老いも若きもここに集い、完全な平和と調和を作り出します』

アイリーンのこの本に出てくる神のガイダンスの一部を目のあたりにしたようだった。

断っておくが、私は決して精神世界の何たるかを知っている有識人ではない。どちらかといえば「癒し」という言葉そのものにもある種の嫌悪感を持つタイプですらある。正直、心のどこかで財団にまで発展したフィンドホーンがカルト宗教に似た陳腐な集団だったらどうしようと思っていた。目の前に広がるトレーラーやバンガロー群。富士五湖のキャンプ場を思わせるそれらが真実なのか否か、その世界に知識のない私には分かるはずもない。頼るべきは自分の皮膚で感じる空気のみだ。

車を止めると、マリオン・リーのオフィスはキャラバン・パーク入口にひっそりと建っていた。小さなバンガローであるオフィスで私は彼女を待った。十畳くらいの事務所はノックしたが誰もいない。明るいパイン材の壁が印象的で、体をたちまち包み込むパステル調の花の匂いに満ちていた。

壁には、フラワーエッセンスの入った小びんが整然と並べられている。しばらく彼女を待つが、雨音以外何も聞こえないこの部屋で急に居心地が悪くなり、向かいのクラフトショップにマリオンを探しに行った。

山小屋ふうのその店は、重いドアを開けるとハーブともお香とも分からない匂いが鼻をついた。レジ横のカウンターにはオーツ麦のビスケットが並び、穀類中心の自然食品から泥付き野菜、ここで作られたと思わせるエッセンシャルオイルや服、アクセサリー、本、写真集までが販売されていた。

そういえば、インバネスでレンタカーを借りた時、係の女性が、

「私、精神世界には興味がないけど、フィンドホーン財団のクラフトショップは何度か行ったことあるわ。あそこは本当に品質のいいものばかり売っているのよ」

と嬉々として説明していたのを思い出した。日本であれば変人の集まる場所としてカルト宗教の出先機関のように扱われるこの類の店が、ここイギリスでは一般人

にも正当に認められ注目されているのだ。

しばらく、ウロウロと歩き回るとアロマテラピーのオイルが並ぶ棚を見つけた。この辺にこれから会うマリオン・リーのフラワーエッセンスはないのだろうかと探してみた。

英文で書かれたいろんなデザインのラベルが貼りつけられた小びんの山は、それを読んでいくだけでひどく疲れる。そこには私の知らない単語が刻まれてある。多分、原料である花の種類なのだろうが、それらの多くは、日本で見た事も聞いた事もないイギリスの花なのだろうと思った。

大きなカメラバッグを持って未知なる共同体の店にたたずむ私は、確かに愛するイギリスの中にいるのだろうに、どこか宇宙の果てに吹き飛ばされたようで、現実感のかけらすらない。

ここは一体どこなんだろう。

心で思い描くイギリスの地図の上のどの地点に私は立っているんだろう。

何もかもが突然白紙に戻ったような真空状態になってしまった。

その時である。

「あなた、もしかしてミス・イガタ？」

いきなり高音の美しい英語が聞こえた。顔を上げると、そこには花のような笑顔が白く輝いていた。

ああ、この人なんだ——。目の前にはマリオン・リーが立っていた。

私は挨拶の言葉と右手を差し出す前に、気持ちの中でその人を全て肯定して受け入れた事に驚いた。

彼女を取り巻く空気からは、野に咲く花を全部集めてきたような清らかな匂いがする。やわらかいクリーム色のジャケットに花柄のシフォンのスカーフを巻き、いかにもイギリス的な黒いベッチンの帽子をかぶって、彼女はにこやかに私を見つめていた。

並んで歩き出した私は、多分、わけもなく嬉しくなっていろんな事を喋ったのだと思う。それほどに彼女の笑顔は包容力に溢れ、私の不安や旅の疲れをたちまちのうちに溶かしてしまった。

私に限らず、多分マリオンに出会った人は全てそんなリラックスした感覚になってしまうのだろうか。

日本で彼女を紹介してくれた広告主も、彼女の名前を口にする時、急に言葉つきがやわらかくなったのを思い出した。

「僕のファーストネームを言えば、きっと彼女は分かりますから」――と。それはまるで、彼女との交流を至上の誇りにしているように聞こえた。

私は再びマリオンのオフィスで彼女と向かい合って座った。少し緊張しながら撮影の許可を求め、静かなマリオンの笑顔に向かって何度かシャッターを切った。

一九七六年、オーストラリアからフィンドホーンに移り住んだ花療法家の彼女は、このフィンドホーンでフラワーエッセンスを作り始めた女性だ。年齢はもう五十代かもしれない。だが、その姿には、年を超えた美しさが宿っている。その内側にあるものが、彼女の体から溢れてレンズを通してこちら側に迫ってくる。それが何なのかは、ここが一体どういう所なのかという、とても簡単な質問で解き明かされるはずだ。

彼女はとても注意深く話し始めた。

「どんな時でも、私はフラワーエッセンスを大きな目的と愛を持って作るんです。作業をする前に必ず瞑想して、花に宿る精霊（ディーパ）に自分の心をチューニングしてそのメッセージを受け取って、それからエッセンスにする作業を始めるんですよ」

彼女によると、花は完璧な形のものを選び、決して手で触れる事なく、傷つけないようにていねいに摘み取り、それを特別な水をはった透明なボールに浮かべ、数時間、元の植物のそばで陽に当てるそうだ。その後、花を取り除き、保存のためにテーブルスプーン一杯のブランデーを落とし、特別な湧水で希釈する。

「そのプロセスの中では、いつもその花の特質を自分の中で感じ続けます。その花が呼び起こす感情や効果、全部をね」

そうしてフラワーエッセンスは作り出されるという。私は、彼女が話した花の精霊（ディーパ）という言葉がとても引っかかった。メルヘンや童話の世界に登場する精霊（ディーパ）や牧神。ところが、このフィンドホーンでは、彼らがたびたび住民の前に現れ、一緒に植物を育てるのだという。

そんな精霊（ディーパ）の手助けもあって、特定の花は見つかっていくのだと。だから、フラワーエッセンスは人間が花を見つけて作るのではなく、花から導かれるままに作る。「私を使って下さい」花はそう呼びかけてくるという。

たとえば、彼女が特別にこだわり続け、自ら探し求めたスコティッシュプリムローズは、スコットランド北部海岸とオークニー諸島でのみ見られる、とてもめずらしい植物らしい。ある日、ブラック島でこの花を発見した彼女は、強力なメッセージを受け取ったそうだ。

『私は神が選ばれた時期に合わせて、この世に平和を実現させるのです。絶望する心に私は平安をもたらします。深い敬意を払って私を扱って下さい』

多分、東京のいつものサイクルの中で聞けば、うっとうしいばかりの作り話に聞こえただろう。だが、マリオンのオフィスの中にずっといれば、こんな話もやがて身をもって理解できるのでは、と思えてくる。

その時、部屋の空気はますます花の香りで膨張してきたような気がした。

私は思い切って彼女にたずねてみた。

「それでは、この私でも花の精霊（ディーパ）からメッセージを受ける事はできるんですか？」

マリオンは、ゆっくりと用意していたように答えた。

「できますよ。人間は誰でも自然界の精霊（ディーパ）とコンタクトできる能力を潜在的に持っているんです。ところが、テレビやコンピューター、劣悪な生活環境のせいでその力が弱ってきているんです」

それはとても確信に満ちた言葉だった。そして、マリオンは私に、日本に帰ったら時々、自分の心に耳を傾けるように言った。それだけで、あなたの中に埋もれてしまったもう一つの力が甦るのだと。そうするうちに頭で考えることと、心で感じる事が一つになってゆくのだと言った。

私は彼女の作り出したフラワーエッセンスを試してみたいと思い、今の自分に合うものを選んでもらった。彼女は私の現在の仕事ぶりや夫、娘との関係を聞き、今、どんな事に問題を感じているのかなどの質問をした。そうして、『スピリチュアル・マリッジ』と書いてある小びんを差し出した。これはアップル、ホーリータン、マーロー、シーピンクによって作り出されている。

陰と陽、ハートとマインド、感情と思考など、人の中にある二面性をバランス良くまとめる効果がこのエッセンスにはあるのだという。

頭で考えて、これはこうなると思ってもなかなかうまくいかない。なぜだろうと地団駄踏むことがある。そんな時、「あぁ、でも人は情緒面も理解しなきゃいけないんだ」と自然に思える。これを飲むとそんなバランスが生まれてくるそうだ。

私はスポイトのついたその小びんを手のひらで握りしめた。この中に入っているのは無限の宇宙の力かもしれない。

窓の外を見ると、マリオンが植えたのか、大輪の花がオフィスの周りに咲き乱れている。ものの本によると、海岸沿いのフィンドホーンは乾いた砂地であるという。それなのに咲く花や果実は実に完璧で大きいのだ。それらは時折、吹きつける強い風と雨に揺られながら、あざやかな色を地面にまきちらすように首を振っている。それはまるで、灰色でおおわれたフィンドホーンに光のプリズムを作り出しているようだった。

「もう少し時間大丈夫ですか？　あなたに見せたい所があるの」

私はマリオンにうながされるまま、フィンドホーンの中を案内してもらった。まず、この共同体の心臓ともいえる劇場のようなユニバーサルホールに行った。

一見、ギャラリーふうの小劇場だが、中に入るとコーヒーショップがあり、ここの住民や見学者たちが談笑しながらお茶を飲んでいた。マリオンは、すれ違う人ごとに呼び止められ、声をかけられる。きっと、この共同体で彼女は貴重な存在なのだろう。話しかける人たちは、二十代くらいの若者が多かった。圧倒的に欧米人を多く見たが、大学生くらいの日本人もいた。世界中からこの聖地を目指して集まり、皆が自分のやりたい作業にとりかかっている。

ある人は野菜を作り、ある人は料理を作る。そしてある人は瞑想を続け、またある人はダンスやアートを実践する。かといってここは学校ではなく、一人一人が大地、自然、宇宙と調和しながら生きる場所なのだという。

舞台のあるホールは共同体の住民が集まり、ダンスを踊ったり、演奏会を開く所。

隅々まで掃除が行き届いて整然としている。

「いろんなことをみんなで実行するのよ。それぞれが発表会みたいにしてね」

マリオンは、まるでわが家のリビングのことを自慢するかのように目を細めた。ここには人が集まった時に放出される熱がまだ残っている。スポーツでも宗教でも仕事でもない目的で多国籍の人々がこんなふうに仲良く、幸せに秩序正しく集団で暮らしていけるのか。このフィンドホーンは世界中のエネルギーのパワーポイントだからというが、それだけではないと思える。

もし、日本の青森あたりのひなびた海岸に、ある日突然、共同体ができたとしたら住民も含めた私たちはそれを直視できるだろうか。そこを舞台にした本が出版され、世界中でベストセラーとなり、海外からも続々と人々が押し寄せてきたとしたら、たちまちそこは疑惑のターゲットになり、警察、マスコミ、住民から奇異な目で見られ、たたき出される事だろう。

日本は出る杭はへし折れるまでハンマーで叩かれる。イギリスでは、上流階級の貴族が精神世界を組織的に研究しているなどの歴史的背景があるとはいえ、この共同体をBBCが何度も取り上げ、国が財団にまで昇格させるとは国民性の違いというより他ない。

実際に自分が理解できなくても、興味がなくても、そこに存在する目に見えない事実を認める。そこから全ては始まるのだ。このフィンドホーンのように――。

私たちはホールを出て、またテクテク歩いた。

花畑を横切る小道を歩き続ける途中の大木に「quiet」というプレートが掛けられてあった。この共同体自体、ほとんどの住民が粛々と何かの作業にとりかかっているのに、あえて静かに歩かねばならないとは何があるのだろうと思った。

彼女が立ちすくんでいる場所に行ってみると、そこには何と、建物の半分が土の中に埋もれた奇妙な形の石造りの小屋があった。

屋根には草がぼうぼうと生え、自然と一体化している。一瞬、周辺の木々がこちらに向かって前進してきたような錯覚を覚えた。

「お入りなさい」

彼女は、「白雪姫と七人のこびと」の舞台にでもなったような、その小屋の木製の扉を開けた。

「ここで靴をぬいで」

言われるままに、石造りの玄関に靴を揃え、彼女に続いてビロードの重たいカーテンをくぐって中に入った。

何と、そこは瞑想小屋だった。天井の真ん中には明かり採りの窓があり、陽の光がその天窓を通して円形の小さな部屋を照らしている。部屋の中央には、瞑想用のお香を焚く石の台があり、そこにくすぶっている残り香がこの場所のイメージを強くしていた。

「何かが在る」

それは、言葉に置き換えられないほどの存在感だった。天窓からの明かりはキラキラと粉のように足元まで降り注いでいる。「何か」が在るのではなく、この建物そのものが命を持ち脈打つ「何か」なのだと思った。

マリオンは、音を立てずその一角にそっと腰掛け、「ホーッ」と満足そうなため息をついた。

こんな時、人と人はどんな会話をすべきなのだろうか。私はここで何か質問していいのだろうか――。

彼女のあとに続いて腰を下ろした私は、目のやり場に困った。その時だ。

「あなたは日本で瞑想する事あるの？」

とささやくように彼女が聞いてきた。

私は、その質問がなぜか、

「あなたは神様を信じるの？」

というふうに聞こえたような気がした。それは本当にどうしてだか分からないのだが、それほど私はこの空間で彼女とお互いの核心に触れる深い会話を期待していたのだ。

私は少し戸惑いながらも答えた。

「いいえ。日曜日に教会に行く時には目を閉じて祈りますが……。それも今思うといろんな事を考えていて、瞑想とはいえない状態ですね」

「そう……」

彼女は口元をほころばせ前を見つめていた。その表情には「話したければなんでもどうぞ。もしそれが嫌でも、私はあなたとここで時間を共有しますよ」と言っているように思えた。

静かにしていると、その部屋の中ではクーッという、まるで巻き貝を耳に押し当てた時のような空気のすれ合うかすかな音が聞こえた。

私は口火を切った。

「マリオンさんは瞑想する時、幸せを感じますか？」

彼女はちょっと意外という顔をして、

「ハッピー？」と小さく自分の中で反芻した後、

「ええ、幸せですよ。私は一日三回瞑想しますから」

と答えた。私が驚いていると、このフィンドホーンを作ったアイリーンは夜が明ける前から深夜まで、今でも一日のほとんどの時間を瞑想していると教えてくれた。

これには驚いた。

「彼女はまだ生きているんですか？　かなり高齢の方だから、もう亡くなったと思ってました」

一冊の本を読み感動したアイリーン・キャディの人生の終焉。私が今いるフィンドホーンに彼女はまだ暮らしていたのだ。

「ええ、アイリーンは元気ですよ。死んだのは夫だったピーターの方。彼女は今でもこの共同体に子供たち家族と幸せに暮らしてます。昨年で講演活動やワークショップを全て辞めて、今は静かな生活を送ってるわ」

私は白いプラチナブロンドの老婦人が、元気いっぱいのやんちゃな孫や、それをたしなめる息子たちに囲まれ、明るい陽だまりの中で目を細めている様子を思い描いた。

彼女が遭遇したあらゆる人生の苦境。追い求めた内なる声は、彼女にこのフィンドホーンを作らせ、最後には平凡で揺るぎのない安らかな老後を与えたのだ。

「良かった」

私はこの事に心から喜び、満足した。

それはまるで、のめり込むようにして読んだ本の、破れた最後の一ページをマリオンの言葉によって手に入れたような嬉しさだった。

そうして気付いた。私はいつも苦難の多い人にとても惹かれていく。それは、その人の中に自分の歩いた道のりを重ね合わせ、未来を透かして見ているせいだろう。いや、苦難というより「孤独な人」という方が正しい。それは多分、自分の中にも、一貫した孤独感が息づいているからか——。これほどまでに斬新で胸躍る場所を訪れ、天使のような人と一緒にいても、その人の横顔にすら透明な孤独感というものを見つけてしまうのだから。

別れ際に、マリオンにたずねた。

「結婚してらっしゃいますか?」

失礼とは思いつつも、彼女のような生き方をする女性が、一体、どんな現実の中に身を置いているのだろうと思ったからだ。

「いいえ」

彼女は私の顔を見て答えた。

「じゃあ、これからも一生ここで暮らしていくんですか?」

私は、遠いオーストラリアからイギリスに渡ってきた彼女の行く末を確かめたかったのだ。

彼女はハリエニシダがうっそうと茂る通りをゆっくり歩きながら、

「そうね……」

と間をおき言った。

「それは分からないわ。もし私の内なる声が他の土地に行くように言うのなら、その時は、ここに来た時のようにフィンドホーンを出て別な場所に行くでしょうね。先のことはまだ何も決まってないことなのよ」

その言葉は北海のざわめく風に乗って木々の葉ずれの中に消えていった。そうして会話はとぎれた。それに続く何かを私は彼女からもっと聞きたいと思ったのだが……。

彼女の一つ一つの言葉を、道に落ちた花びらを拾い集めるように心の中に重ねていこう。そうして私は、東京の騒々しい日々の中で折に触れそれらの存在を確認する。この日の出来事を思い出しながら自分の中に新しい領域を作り始めるのだ。

それは私にとってどんな人生の始まりになるのだろう……。

マリオンと精霊（ディーパ）の舞い踊るような花畑の前で別れ、私はフィンドホーンを後にした。

にわかに降り始めたうっすらとした雨。それはインバネスに続く国道沿いの木々の緑を北の大地に溶かし出しそうなほどの清らかさだった。

ワイパーがゆっくり動くフロントガラス越しに田園風景が広がり始めた。やがて、石造りの街並みや教会や、草をはむ羊たちも見えてくるだろう。

けれど、本当にそれらが私にとって一体何だったのか、未だによく思い出せないでいるのだ。

実は、私には小さい頃から長年知りたくて、解明したくて、でもどうしても分からなかった一つの疑問があった。

それは、神様は本当にいるのか、いるとするなら一体どこにいるのかという事だった。その疑問は、今では世界中から五〇〇人余りの人々が集まり、共に暮らす、フィンドホーンに行ってみようと決めて、アイリーン・キャディの本を読み、フラワーエッセンスが何たるかを調べるうちに少しずつぼんやりとした輪郭になってきた。そうして私は分かったのだ。

神様とは、心の中から聞こえる内なる声に違いない——と。

そして、それは私自身なのかもしれない。

私の中に、もう一つ別な何かが宿っていて、普段はそれに気付かないでいるのに、日常のひずみの中で突然頭をもたげる。たとえば、スコットランドの雄大で荒々しい自然を目のあたりにしたり、大輪の花や増殖しているような森の中に身を置いた時、心の声は聞こえてくるのだろう。あるいは、規則や罰則がなくても、乱れることなく調和して行動する人々の姿を見た時に感じるのかもしれない。それは私が本気で望めば、いつでも手の届く所にあるのだ。

しかし、私はまだ一度も内なる声を聞いた事はない。

マリオンは本当に望むのなら、その日からでも内なる声は聞こえるものだと言っていた。それは何年も修行を積んだ揚げ句にやっと体験できるような性質のものではないと。

彼女の話やアイリーン・キャディの本やフィンドホーンでの人々の生活ぶりから考えると、内なる声を聞くには瞑想をして、自分の中に深く静かに分け入っていく――これに尽きると思う。

こんな行為は、苦行であり、鍛錬のようなイメージがつきまとう。でも、ただ静かに座って何も考えずに、何も見ずに時間を過ごせば、それでいいのだ。

瞑想に何の興味もなかった私だが、聞けるものなら神の声、内なる声をぜひ聞いてみたいと思った。

そして、できるならフィンドホーンでそれを始めてみたい。そうすれば、こんな私でも、いつか神に近づけるような気がするのだ。

それは結婚より、出産より、仕事の成功より何より重い意味を持つのではないか。

その時、私の中の何が変わるのだろう。そして何がそのまま続いてゆくのだろうか。

そこには想像を超えた喜びや感動が待っているのだろうか。

あるいは、こんな事を思いめぐらす私の今の状態は一時的なもので、明日には今日の出来事の全てを冷めた気持ちで思い返しているのだろうか――。

車を運転してインバネスに戻っていく私は、都市を構成する立ち並ぶ建物や車の騒音、ミュージックテープや救急車のサイレンを思うだけで、覚醒の世界から自分が少しずつ現実社会に引き戻されるようなひどく寂しい思いにかられていた。どうして、これほど悲しい気持ちが続くのか。できることなら、さっきまでの幸せと高揚がそのまま甦ってはこないのか。

遠く、私が毎日を生きている東京というひしめき合いの中に――。

そして私は、古都インバネスの駅前にあるパーキングに車をすべり込ませた。その時だ。ドアを開けると一瞬、異質な空気が私の前を横切るではないか。

「花の匂いだ」

私は唖然とした。たった数時間のうちに、私の体にはフィンドホーンの清らかな花の匂いが染みついていたのだ。それは開けられた車のドアから車や人でひしめき合うインバネスの喧騒の中に解き放たれ、消えていった。あっという間の出来事であり、私はえもいわれぬ深い思いにおそわれた。

宗教でもヒッピーの集団でもない。まして、心霊まがいやカルトでも決してない。そして、フィンドホーンは観光地でもない。

きっとフィンドホーンは生きながら訪問できる天国なのかもしれない——と。

地図では決して探し出せないイギリスに、私はこの日、出会ったのだ。

*section*

# 6

# 予期せぬ差別の中で

前作「いつかイギリスに暮らすわたし」（ちくま文庫）の最終章で描いた私とイギリス人男性との恋。

東京とイギリスを行き来し、お互いを知り、将来のビジョンや夢を語り合うところでこの本は終わっている。

そのせいだろうか。今でも私の再婚相手が日本人だと知ると、驚きと落胆の表情を向けられる事が多い。

「てっきりイギリス人と一緒になったんだと思ってました」

「何か心境の変化があったんですか？」

今の夫と再婚して九年目になる現在も、私の本を読まれた読者の方から、こんなお手紙がしばしば届く。

（ちなみに私は結婚情報誌の編集長。恋愛・結婚に関するエッセイも書いており、そこに自分達、夫婦のエピソードを引用する事がある）

思い返すと、離婚後は、イギリス人男性とも何度かつき合った。その中には真剣に結婚を考えた人もいた。それでも、自分の娘が日本人である事や、お互いの性格や仕事、そして価値観の大きな違いを目の当たりにすると最後の一歩が踏み込めなかった。

ところが、三十代になり、仕事も、子育ても、経済的な自立も、まずまず安定したと思えた時に始まったブライアンとの恋。そこには、そのまま未来に繋がっていくような明確な一本のラインを感じた。

お互いの思いを確認した後は、日本とイギリスという、超長距離恋愛が始まった。国際電話とＦＡＸと二ヶ月に一度、どちらかが相手の国を訪ねるというつき合い方で。

それに違和感がなかったのは、多分、私が生まれ育った長崎を十八歳の時に出たせいだろう。

　東京の大学に進学した私は、高校卒業と同時に、共に成長してきたたくさんの友人と別れなければいけなかった。私が通っていたのは大学まであるエスカレーター式の女学校だったので、大半の友人は長崎に残ったのだ。

　孤独を感じたのも束の間、東京の部屋にはほとんど毎日のように彼女達から手紙が届き、私は毎晩のように返事を書き続けていた。

　夜の九時を過ぎると、友人の誰かから必ず電話がかかってくる。それはたいてい上京の予定を告げる電話で、見る見るカレンダーは訪ねてくる友人の名前でうまっていった。

　予想しなかった展開に時間はどんどん過ぎていき、上京後の淋しさは、人の出入りの慌ただしさに変わっていった。

　離れていても、人間関係を持続する道はある。——こんな大学時代の経験があればこそ、地球の真裏に生きる恋人に対しても東京と関西ぐらいの感覚でいられたのだ。

夜、仕事や家事を終えて、一人ベッドに入る時、イギリスではちょうど朝食が終わる頃だ。

彼はイギリス北部の美しい村、オードリー・エッジで農家《ファームハウス》を改造したゲストハウスを経営し、そこに暮らしていた。BBCの撮影スタジオが近くにあったため、客室は撮影クルーでいつも満室、稼働率は七割を超えていた。だから毎朝、ブライアンは、スタッフと共にキッチンを走り回って、宿泊客の朝食作りに追われていた。ベーコンの油と卵の黄味で手がベタベタになる頃、彼は一息つくために私に電話を入れてくる。

イギリスの生まれたての朝の光は、受話器を通して東京の真夜中の暗いベッドに輝きを落とす。すると、そこは世界一幸福な愛の温床になるのだ。

眠れなくなる深夜も私は独りではなかった。二時でも三時でも電話をすると、元気な恋人の声が聞こえる。

淋しいと思いながらFAXを入れると、目ざめた時には手書きの返事が受信トレイの中に入っている。私は彼が書き送ってきた言葉によって背中を押されるように起き上がり、娘の世話をし、仕事に出かける。

地球の反対側同士の暮らし。昼と夜が逆転する時差でさえ、考え方によっては、一日二十四時間、恋人とつながっていられる。話すこともできる。自分の睡眠時間さえ気にしなければ——。

私の愛は静かに深く根を張っていった。

四十代の彼はかねがね口癖のように言っていた。

「結婚するなら四十代がベストだと思う。二十代、三十代で経済力の基盤を作って、恋愛もいくつか経験して、行きたい所に旅をする。そして、まだ体力の十分ある四十代で結婚して、子育てを開始するんだ」

三十を過ぎると結婚に右往左往する日本のサラリーマン。結婚難民、モテない男のレッテルを貼られないように、内心、血まなこになって妻となる女性を探し始める。

結婚イコール安定という世間の評価。日本ではいつまでも独身でいると、「会社」というコミュニティーの中で、「この人物はどこかに欠陥があるのでは」と疑われ、その結果要職につけなくなる。日本人男性にとって結婚は身分証明書のようなものなのか。

元来、最もパーソナルな出来事である結婚に「人の目」という圧力がかかり、急がされたり「その人でいいの？」と引き止められたりする。

だから、ブライアンが自分の結婚観を語り始めた時、彼の言葉に含まれた独自のヴィジョンにただ、私はうっとり聞き入っていた。

自分の頭で考え、編み出す人生設計は本来爽快な喜びを伴う。ブライアンを見ていると、日本人はやはり生きていく上で大切な決定力が欠落していると思わざるをえない。

彼の思考の中には「世間体」とか「普通は」といった発想が見えなかった。「僕が思うに――」から始まる彼の会話は一瞬のブレもない確固とした強さに満ちていたはずだった。

それが揺らいだのはブライアンと付き合い始めて一年が過ぎた頃だった。何度目かのオードリー・エッジのゲストハウスに滞在の折り、ブライアンが銀行に行っている間、キッチンの横にあるファミリールームで従業員の女の子と世間話をしていた。

彼女は私の気持ちを推し量るように青い目を輝かせてたずねた。

「ケイコはブライアンと、じき結婚するんでしょう。この前ブライアンがアメリカンスクールの学校案内を読んでたのよ。そしたらね、それを見つけた彼のお母さんがあなたのこと色々と聞いてたわよ」

「そう、でも私達はまだ……」

そう私が言い終わらないうちに、彼女はさらに身を乗り出してウインクした。

「ケイコの子供のためだってすぐ分かったわ。独身の彼が学校案内を目を皿のようにして読んでるんですもの。何てキュートなのかしら」

そう言いながら金色の髪をゆらし、私を喜ばせようと声を上げて笑う。

私達は二人の間の結婚をいつ、どちらの国で、どんな風に、とは明確に決めてない。けれど、永遠にこのままでいいとも思ってなかった。イギリスで暮らす決意が今すぐにつけられなくても、どこかで新しい人生にジャンプインするのだろうと思っていた。

これまでに築き上げた東京での仕事や暮らし、人脈。十八歳で長崎から東京に出てきたように、三十代で日本からイギリスに移り住む。大した事じゃない。深く考えなければ——。

どこかで、ここらで決断しようともがく自分を感じていた。

彼女はウキウキと喋り続けた。

「長年、独身を貫いてきたブライアンが最愛の恋人をやっと見つけたんだから、一日も早く結婚するべきよ。私はケイコの味方だわ」

彼女の北部訛りの早口の英語から一瞬聞きもらしそうになったけれど、「味方」——という言葉がこぼれた。そしてその言葉は、なぜか耳に残った。

その時だ。何気なく目を移した作業机。その風景に私は凍り付き、わが目を疑った。そこにあったのは、ブライアンの母親のために私が贈った古伊万里の湯飲みセットだった。決して安くはない、心を込めて贈ったものが無造作に積み上げられた新聞紙と一緒に放置してあったのだ。

私は頭が混乱し、この不快な光景をどう理解していいのか分からなかった。

ブライアンの父親はホテル経営や不動産投資で実業家として成功しているだけでなく、元、小学校教師だった妻と共にチェシャーの教育、文化活動に力を注いでいた。夫と共に世の中に貢献する典型的イギリスの裕福な主婦。

社会的地位のある夫の影には、決して目立たないけれど読書家で、針仕事の好きな聡明な妻がいたのだ。

彼女に育てられた男性なら、絶対に間違いはないだろうと思えるほど、その分け隔てない優しさは、卓越していた。

彼女は、いつも日本に残してきた娘の事を誰よりも気遣ってくれた。

「子供は今、誰が面倒みてるの？　心配ならイギリスに連れてらっしゃい」

その思いやりは、まるで「日本のおばあちゃん」のイメージそのものだった。

だからこそ埃をかぶって放置してある古伊万里を見て、血の気が引いたのだ。

深く考える事はない。たまたま、飾る場所がなくて、その辺に置いたのをそのまま忘れてしまったのだ――。

私は心に広がりそうになった暗い雲を必死で封じ込めた。

それから数日間、私は何事もなかったようにブライアンとの時間を過ごした。彼は、次の夏休みにもっと長い休みをとって日本に来たいと言った。その時は、君の生まれた町にも行ってみたいと――。それは考えただけで胸が躍る提案だった。けれど、何かの拍子にファミリールームに入り、埃だらけの古伊万里を見るにつけ、追い払ったはずの暗い雲が胸の中でごまかせないほど大きくなっていくような気がした。

そんな不快な気持ちが整理できないまま、

「明日から三日間、両親が泊まりに来るよ」

とブライアンに告げられた。

私は思い切って彼に尋ねた。

「あなたのご両親は、私達がつき合っている事をどう思ってるの？」

彼は私の深刻な様子に驚き、心配そうに手を取った。

「ケイコ、君の事は好きだと思ってるさ。二人共、七十代の老人だけど人を見る目はまともだよ。前に君を見た時、魅力的な女性だって誉めてたよ」

「それは最初の頃でしょう」

一瞬、「嫁、姑」という言葉が頭をよぎった。ブライアンも私の心配のもとが分かったようだった。彼の声には、ひときわ力がこもった。

「母親だって、彼女だって、君のことは好きだよ。ただ彼女はオードリー・エッジで生まれ、ここで結婚してるだろ。外の世界の事があまり分からないんだよ。だから、僕がはるか遠い日本の女性とつき合い始めた事に少し驚いているんだと思う。それだけだよ。心配しないで」

私達の仲は日ごと深まり、周囲の目にはっきりそうと分かるほど結婚を意識し始めていた。

ブライアンの母親は、誰よりもその事に敏感になっていたはずだ。

私は複雑な気持ちになった。当の本人ですら日本人である娘を抱えて、イギリス人と再婚する事がどういう事なのか、そこから発生するであろう問題や困難がどんなものなのか予想できないでいるのに。典型的なイギリスの小さな村でその生涯を全うしようとしている老婦人が、この事を手放しで喜んで受け入れてくれるのだろうか。

その夜は一人で悶々と考え続けた。それでも行き着いた結論は、

「彼らは欧米人で、日本人よりずっと自立した考えを持っているのだから息子は息子、自分は自分と思うはずだ」

という、一般論だった。

個人主義を貫くイギリス人が、過干渉な日本の母親のように息子の恋や結婚に関して口出しすることなど最終的にはあり得ない。この論理に加え、これまで私が感じてきたブライアンの母親の人間としての優しさを考えると、やはり私は考え過ぎだという結論に達した。

果たして――ブライアンの両親は事前にあった電話通り、次の日の午前十時きっかりにやって来た。

玄関ホールでブライアンは二人を迎え、調子の悪いオーブンについてひとしきり

話し込んでいる様子だった。私は奥のダイニングで聞き耳をたて、二人に挨拶する瞬間を待ちかまえていた。

話が一段落すると同時にブライアンは話題を変えた。

「実は今、日本からケイコが来てるんだ。ケイコおいで」

彼に呼ばれた私は二人の前に歩いて行った。

父親はその大きな体で私を優しく抱きしめてくれ、こう言った。

「息子は先月も日本から戻ってきて一週間、君の話ばかりしてたよ」

「そうですか」

私は笑いながら母親を見た。その時の彼女の表情は、生涯忘れることはできないだろう。凍りついたような口元からもれた言葉はただ一言。

「あなたが来るとは、予想してなかったわ」

それは彼女の真意を汲み取るのに十分過ぎた。そして、これまで何度か彼女に会った中で初めて感じた冷淡さだった。その態度は私をさげすんでいるようにもとれた。あるいは、無言で「うちの息子に深入りしないで」と、告げているようだった。

私が何か言おうとすると、すぐに彼女は、

「日本からの飛行機は揺れたの？」

と話題を切り換えたが、二人の間の凍結した空気が溶け出すことはなかった。ブライアンもそして恐らく父親も彼女の言葉には気付いていなかったはずだ。

その後、リビングのソファーに腰かけて皆で談笑したが、母親は決して私を見ようとはしなかった。私は終始うなずき、自分から何かを話したり、たずねる事ができないでいた。

なぜか自分の存在が、この家族にとって不都合な要素を含んでいる——その事に心はジクジクと痛み始めた。

私はいたたまれず、一人、この朝日に照らされるリビングを飛び出し、向かいのニュースエージェントにでもいいから駆け込みたい衝動にかられた。せかせかと店頭に雑誌を並べる太ったインド人。彼のそばにいる方が十倍安堵する、と。

ブライアンと両親が昼食の事についてアレコレ取り決めを始めると、体が震え始めた。

「大丈夫？」

その様子を察してブライアンが私の顔をのぞき込んだ。私は時差ボケで体調が悪いと答えた。彼は大変だと私の肩を抱いて空いている客室の一つに連れて行こうとした。

彼の父親も、そして母親でさえ私のヨロヨロとした足取りにたいそう心配してくれた。

「熱いミルクティーを飲むといい」

「アスピリンを持って行きましょうか」

「お風呂にゆっくり入ると元気になるよ」

二人は競うようにリビングを出ていく私に声をかけた。

「せっかくお会いできたのに、すみません」

私は精一杯礼儀正しく微笑んだ。

ブライアンに案内された客室にはすでに私の荷物も運び込まれていた。

私は二人になれた安心感でベッドに横になるなり涙が出そうになった。そんな私をブライアンは長旅で本当に疲れているんだと思ったはずだ。

「少し眠った方がいいよ。僕は帳簿付けが残ってるから下のデスクにいる。夕方までゆっくりしていよう。また様子を見に来るよ」

その静かな口調があまりにもいたわりに満ちていたので、私は核心を突く質問をする事ができなかった。

ブライアンは老親にとって、孫のように手放しで可愛い存在だと知っていたし、ブライアンも彼らを尊敬し、いたわっていた。彼らは普通の親子以上に語り合い、時間を共有していた。三人の誰が欠けてもその関係は不自然だったし、彼らがつむぎ出す空気は愛情に満ちていたのだ。

一人っきりになった部屋で私は自分の手帳をバッグの中から取り出し、ページをめくった。

〇月〇日

・十時　神保町　三省堂・東京堂書店回り

・午後二時　新宿　中村屋　打ち合わせ

・四時〜ラジオ収録　ベビーシッター宅お迎えたのむ

窓の外に広がるイギリスのレンガの家並みを感じながらも「新宿」とか「お迎え」というキーワードがことさら懐かしく遠くに感じた。私の現実はどこにあるんだろう。そのうち、手帳の文字はかすみ、涙が一本の線を引いて枕の上にこぼれた。ブライアンのもとにいて、こんな風に心が痛んだ事は初めてだった。二人の将来は不安こそあれ、いつも愛情に満ちていたのに。

それが私の意志を日々強固に育てていたのだ。

その夜、ブライアンは私をイギリスで一番おいしいチャイニーズレストランに連れて行くと張り切った。

マンチェスターの中心部にあるそのレストランには大物アーティストやダイアナ妃までお忍びでやってくるんだと、私の気分を盛り立てるように大げさに自慢した。

無口な彼が私の様子を気遣ってアレコレ気を回してくれているのが分かり、これ以上、沈み込むのが罪に思えた。

「嬉しいわ。どんな服を着ればいいの？」

彼はGパン以外と答えた。そして、

「一緒にワードローブの中から今晩僕に着てほしい服を選んでくれる？」

と私を自分の部屋に連れて行った。

重たいクローゼットのドアを開けると、まばらに仕立てのいいジャケットやスーツがぶら下がっていた。

「こんな服はあまり着ないんだ。でも君と一緒に出かけるから僕は正装したいんだよ。どの服がいい？」

彼は私にキスをしてそうたずねた。

私は濃紺にストライプの入ったウールのスーツを選んだ。

「これがいいわ、あなたに一番似合う色よ」

彼に頼まれるままにドレスシャツとネクタイも選んだ。

彼は私が数多くのネクタイの中から、今晩のためのたった一本を悩みつつ選び出す様子をベッドに座って幸福そうに見つめていた。

ワイフ――ハズバンド。そんなイメージが彼の心を満たしているのだろうか。

初めて見るスーツ姿のブライアンは、いつにも増してイギリス人だった。私が黒いベルベットのワンピースを着ても、並んで立つ二人の姿はちぐはぐに見えた。欧米人の顔立ち、背の高さ、目の光り、髪の色は、東洋人がメイクや服装でどんなに頑張ってみても作り出せない「華《はな》」がある。さえない顔で太っていたとしても、欧米人でありさえすればなぜか日本人より着ている服まで高価に見える——かねがねそう思っていた事が、中年太りの始まったブライアンのスーツ姿を見て確信に変わった。

私は——メイクをして、ジュエリーで飾りたててもブライアンにさえかなわない。「きれいだ」と賞賛されながらも、どこかで挫折感を味わっているのだ。

「今度生まれ変わる時は絶対イギリス人がいいわ」

わけもなくそんな事をつぶやいた。

それについて、「どうして?」とは聞かれなかった。

彼自身も「そう思う? 僕もそうだよ。今度生まれる時は、またイギリス人になりたい」と答えたはずだから。

ドレスアップした私達は手を取り合って、パーキングに向かおうと玄関のドアに手をかけた。その時、奥のリビングから気配を感じたのか母親が出てきた。彼女はブライアンのスーツ姿を見るなり、

「なぜスーツを着てるの？」

と驚いた。その口調は、とげとげしく、苛立ちが含まれていた。

私はその瞬間、ブライアンの表情を捕らえようとした。彼は、母親の質問におおいに戸惑いながらも平静を装い続けた。

「ケイコとマンチェスターのレストランに行くんだ。プリンセス・ストリートのそばのリーの店だよ」

母親はますます困惑した顔をして更にたずねた。

「でも、あなたがレストランに行くのにスーツを着た事なんて、なかったわよ」

この人は何を言い始めるんだろう。どんな時でも私達がディナーに行って来ると玄関を出る時には「楽しんでらっしゃい」とにこやかに手を振ってくれたのに。

今、目の前にいる女性は同じ人物と思えないほどかたくなに何かを拒んでいる。

「第一、そんな格好じゃおかしいわよ」

彼女の目はひたすらブライアンにすがるように一つの事を訴えているのだ。

「本気にならないで」

ただ、それだけの事を。

普段着のまま、日本人のガールフレンドと近所のケバブレストランにディナーに行くのはかまわない。日本でもフランスでも好きな外国を一緒に旅行するのもかまわない。わが家のクリスマスに彼女を招待して家族と一緒に七面鳥を食べるのも。そして、このゲストハウスで彼女と二人一緒に過ごす事も何とか許せる。けれど、そこまでにして。彼女とはそれ以上の仲にならないで——。

私はイギリス一おいしいチャイニーズレストランで、ほとんど口にするものの味が分からなかった。重苦しい空気が二人を包んだからだ。

それは私の心から発散され、ブライアンの皮膚にまとわりついた。彼はしでかした事の言い訳を余儀なくされた子供のようだった。私の目をチラリと盗み見て、ひかえ目に切り出した。

「大丈夫？」

今日一日、ブライアンの口から何度この言葉が出たことかと思い、「YES」と対の返事を返した。

彼は、ため息をつき喋り始めた。

「母親は、動揺してるんだ。何度も説明したように、彼女はイギリスの片田舎に生きる女性だ。イギリス人はイギリス人と結婚するべきだって思っているんだよ。前にフランス人の女性とつき合った時には、そうはっきり言ってきた」

「それで、どうしたの？」

「彼女とは、結婚するつもりはなかったし、お互い好きだったけど、だんだん距離をおくようになって……自然消滅したよ」

「お母さんにそう言われた後で？」

「偶然そうなったけど、でも、母親のせいだけじゃない」

どうして？　じゃ、他に何があったの？　と更に私は追及したくなった。けれど、そうすればする程、自分が深みに落ちていくような気がして、やめた。

ブライアンは説得する様に続けた。

「でも、分かってほしい。母親は君に一目おいているし、僕らがつき合っている事にも反対などしてないんだ。彼女はもちろん父親も、君を好きなんだよ」

「でも結婚は、イギリス人としてほしんでしょ。私は日本人で子供もいるわ」

ブライアンは食べ残した料理を見つめ、何度もつぶやいた。

「そんな事、みんな分かってるよ。分かってるんだ」

私はもう何を言っていいのか分からなくなった。

ブライアンはとうの昔に気付いていたのだ。

私を選び、私と結婚する事は最愛の母親の意にそわないという事を。

けれど、多分、方法はいくらでもあったはずだ。母親に衝撃を与えず、私との未来を築き上げる方法が。そして、これからも、無限にあるはずなのだ。

それを彼がとっくに見つけ出していたなら、今晩のディナーは全く違うものになっていたはずだ。何より、二人して押し潰されそうな重圧を感じる事もなかった。

ブライアンは、低い声で私の名を呼んだ。私が顔を上げると静かに続けた。

「彼女は、第二次世界大戦で日本人がイギリス人にした事を、鮮明に覚えていて、どこかに割り切れない気持ちがあるんだよ。日本軍がたくさんのイギリス人を捕虜にして収容所で残虐な行為を働いたこと、知ってるよね。近所の人からも君については色々と聞かれるらしいんだ。僕らの世代では考えられないけど、戦争を経験した世代のイギリス人は、日本にドイツのナチに近いイメージを抱いてる。残忍きわまりない独裁主義者とね」

私は手に持っていた箸を落としそうになった。

「だからって、どうすればいいの？　私は過去の戦争のことまで責任持てないわ。私達はこのままつき合っていていいの？　それとも、私は前のガールフレンドのフランス人のようになるの？」

「まさか！」

ブライアンは語気を荒げた。

「母親の事は、時間をかけるしかないんだ。僕らは愛し合っているから、これからもつき合う。そして結婚する。それ以外考えられない」

「じゃあ聞くけど、私とそのフランス人と、お母さんにはどちらが受け入れやすいの？」

「そんな……どっちが受け入れやすいなんて、言えないよ。第一、比べられない」

ブライアンは私の目を見つめていた。

私は彼に懇願した。

「お願いだから、本当の事を言って」

彼は私の目から顔を逸らさずに言った。

「多分……フランス人……だろう」

「なぜ？」

「レース（人種）が同じだから……だと思う」

私はパンドラの箱を開けたのだと思った。あるいは振り返るなと言われながら、後ろを振り向いたオルフェなのか。

まさか、ブライアンとここにきてこんな話をするとは夢にも思わなかった。

その後、彼の口からはレース（人種）という言葉が幾度となく飛び出した。戦争中の日本人の態度がどうだとか、私に子供がいるとか、あるいは私がイギリス人ではないとか問題はそんな事ではなかった。

白人と東洋人。

人種が違う。だからガールフレンドであれば許容できても、家族の一員となると話は別——そういうことなのだ。頭は真っ白になった。

人生で一番深いかかわりを持とうとしている愛する人々に、個人の資質以外のところで判断され、線引きされようとしているのだから。私が長年、信じてきた個人主義には、ケース・バイ・ケースという意味が含まれていたはずなのに。

日本人を好ましく思っていなくても、息子の結婚相手として現れたただ一人の女性が日本人なら、それは国籍や人種を越えたところでの評価になるはずだった。

私が想像していた個人主義は、時には自分の意見や価値観や考えも相手に譲らなければ成立しない、厳しい局面をはらんだものだった。

私の領域には立ち入らないで、そのかわり、あなたの意志やスタイルも尊重するから——、そんな生活態度がブライアンと親の間には成立していると思っていた。

たとえ日本人を良く思っていなくても、母親がイギリス人との結婚にこだわっていても、息子が日本人を選んだ段階で、私は例外になるはずだった。

その夜、私達は眠ることができなかった。今まで積み上げてきたものが揺らぎ始めている――それだけで不安は膨れ上がっていった。彼は暗がりの中で言った。

「小学生の時ね、学校の先生がこう言ったことがあるんだ。地理のクラスだったと思う。『私達はイギリス人、海を渡った向こうにいるのはヨーロッパ人よ』って。その女教師は母親くらいの世代だったけど、彼女たちは、外国から人々がイギリスになだれ込んでくる事自体嫌なんだよ。『私達はヨーロッパ人とは違うんですからね』って口癖のように言っていた。

ケイコはユーロスターを知ってるだろ。あれだってね、僕らの世代より若い人達はパリやブリュッセルまでノンストップで電車が走るから便利になって良かったと思ってるんだ。だけど、母親の世代のイギリス人は、ほとんどが大反対だったんだよ。海に囲まれ、守られてると思ってきた暮らしが脅かされるからさ。隣国としてのフランスはOK。でも、ユーロスターに乗ってたくさんのフランス人がイギリスに来るのは嫌なんだ。一線を越えて踏み込んでほしくないんだよ」

分かりすぎるほど、彼の説明は胸に突き刺さる。だからといって動けない私の思いもあった。

「恋人や親友ならOKで、家族になるのは嫌ということね」

彼は、深く傷ついた私を抱きしめて言った。

「僕は君に一般的な母親の世代のイギリス人がどんな考えを持っているか説明しただけだよ。頼むから、性急に結論を出さないでくれ。ここには、簡単に一〇〇〇マイルもの距離を飛び越えて海外旅行をしてきた僕達には理解できない考えがある、それだけなんだ」

私はブライアンの胸の中に顔をうずめていた。「YES」とも「NO」とも言わず――。

あれから月日がたち、当時のことを振り返る時、その頃は見えなかったものが見えてくる。

私は長年イギリス人はイコール欧米人だと思っていた。欧米人という呼び方にくくられるあるイメージ。英語圏の人達が持つ優越意識や確固とした自我・権利の主張。合理主義。そんなものがベースにあって、そこからアメリカ、イギリス、カナダと国籍が分かれていくのだと、その国民性も違ってくるのだという図式を描いていたのだ。

しかし、それは違う。

イギリス人は欧米人では、決してなかった。

長年日本に暮らす親しいイギリス人は私にこう言った。

「イギリス人は、欧米人というより日本人に近いんだ。自分の知りたい事をハッキリ聞けない、あるいはダイレクトに答えない。アメリカ人やカナダ人は物事をハッキリ言うのに、イギリス人は言えない。理由は二つあってさ、マナー上、よろしくないから言わないのと、自分の中の嫌悪感や、反対意見を相手に読まれたくないのさ。だからイギリスに帰ると、何かを質問しても返事がやたら長い。それにうんざりするよ」

彼が説明するキャラクターはまるで日本人そのものだ。私がけげんそうな顔をすると彼は続ける。

「ところがさ、日本人は感情を絶対に顔に出さない。子供の頃から訓練されてるからね。感情をおおい隠すのが上手いんだ。でもイギリス人はそれが下手で顔に出てしまう。だから言葉を遣って本心を隠そうとするんだ。イギリス人は欧米人じゃないよ。実は日本人にそっくりなんだ。ほとんどの日本人はそれに気付いてない。だからイギリス人と深くつき合おうとした時、こんなはずじゃなかったと思うのさ」

私は七十を超えたブライアンの母親や、彼女をいたわるブライアンを思うにつけ、胸が痛んだ。

「息子との結婚は反対よ！」

あるいは彼女から面と向かってハッキリ言われていれば、私の闘志は沸き立ったかもしれない。

「あなたが口出す問題じゃないでしょ。私達は愛し合っているんです」

もしくはこう言ったかもしれない。

「ブライアン、そこを出て日本で暮らして。そうすれば余計な悩みはなくなるわ」

けれど、そのいずれもできなかったのは、私達はすでに自分の土壌を別々の場所に築いていたし、それが融合できる結婚でなければ成り立たないと感じていたからだ。

ブライアンの人生の中には、老親である父親、母親との日常が濃厚に組み込まれていた。しかも彼らは静かに余生を送る時期に入っている。そこにドリルで穴をこじ開けて自分の居場所を作り、何とかおさまり続ける事ができても、それは私の目指した幸福ではなかった。たとえ、それによってイギリスに暮らす事ができたとしても、だ。

ブライアンからは、帰国した後も電話がかかり手紙が届いた。その度ごとに私は長い返事を書いたがついに彼の元に送ることができなかった。痛みの伴う愛を追求し続ける事は、やはり、私にはできなかったからだ。

あれから長い年月が過ぎ、とりつかれていた幻想は消えた。夢を消化してしまった今だから、自分の力でより具体的にイギリスで暮らす可能性を組み立てている。そして、拡大鏡で見ていたイギリスを、今は等身大で捕えている自分にも気付いている。イギリスに住まなくてもこの十年の間に自分の中の憧れは浄化され、残るものだけが残ったという事だ。

齢を重ねた分、自分の抱き続けた夢に対して恐いものや不安は、もう、なくなった。

人生の本番は、これからなのだ。

*section*

7

# 彼のギネス

「あぁ、ギネスが飲みたいなぁ。タバコも吸いたいからちょっと寄っていこうよ」

アイルランドに来ると、夫は朝・昼・晩と私をつつき、街角のパブに入っていく。もともとビール好きではあったが、ギネスと出会ってからというもの、それに拍車がかかった。彼によると、アイルランドで飲むギネスとイギリスのとでは、味に雲泥の差があるらしい。

ギネスは普通の黒ビールではない。その原料は麦芽・ホップ・酵母・水なのだ。添加物は一切使われず、そのカロリーは同量の牛乳の半分以下だという。アイルランドではスタウトビールともいわれ、よく煎った麦を高い温度で発酵させて出来上がる「自然食品」でもある。

「ギネスには、ビタミンとミネラルがたっぷり入ってて、ラガーより体にいいんだってさ」

誰に聞いたのか、夫はしたり顔でコインを数えては、バーマンのいるカウンターに二杯目を買いに行く。以前、イギリスのパブでギネスの代わりに、アイルランドの南にあるコーク州産のマーフィーズを飲んだことがあった。同じスタウトビールだというので、興味津々でその黒ビールに口をつけたのだが、正直馴染めなかった。夫は「生ったるい味」とグラスに残ったマーフィーズを押し込むように飲み、それ以来、注文することはなかった。

ギネスを飲むほどに、アイルランドのパブには以前にも増して愛着が湧いてきた。ダブリンでは、若者で賑わうグラフトンストリート周辺のパブから、かのU2がオーナーであるといわれる「テンプル・バー」まで、パブをひたすらはしごしてギネスを飲んで歩いた。だが、全体的に都会である所以か、どこも若者で溢れ返り、超満員。椅子にもゆっくり座れず、まして、音楽のボリュームは大きい。話をする時に大声を張り上げる店は、日本でも外国でも私は苦手である。ちょっとトイレに立てば、そこら中でカップルが抱き合っていたり、キスしていたりする。

まぁ、最初のうちは、映画的と思っていたのが、次第にうっとうしくなってきた。よく、イギリス・アイルランドの紀行本にパブについてうんちくを傾けたものがある。それによるとパブは全て静かで、品のいい大人の社交場という印象を持つが、とんでもない。昔、ロンドンのアールズコートで、イギリス人の友達に鼓膜が破けそうな爆撃音のような音楽が轟くパブに連れて行かれて以来、私のパブ恐怖症はしばらく消えなかった。スキンヘッズはそこら中にゲロを吐き、揚げ句の果てに殴り合っている。思わず大学生に占拠された「養老乃瀧」を思い出した。

そもそも、東京とかロンドンとかダブリンとか人口密度が高く、若者がマーケットの中心になっているような都会はひどく疲れる。この齢になると、疲れるというより嫌悪感が強い。

という訳で、いく日も経たないのにダブリンを出たいと心が疼き出した。

私が中学生だった頃読んだ、小田実氏の『何でも見てやろう』という名著に、アイルランドの首都ダブリンは、ただの港町で何もない所と書いてあったと記憶する。

今、ダブリンはその名残もない。

私たちは、人混みと夜通しB&Bの床を振動させる音楽にうんざりし、ヒュースト ン駅から朝一番の電車に飛び乗って、アイルランドの西の果てゴールウェイに移動した。

アラン諸島への中継地であり、周辺の丘に古代遺跡が広がるアイルランドで三番目に大きな街である。

街にはコロンブスが大西洋に船出する前に旅の安全を祈願したとされる聖ニコラウス教会や、アイルランド文化研究の中心といわれるユニヴァーシティー・カレッジがある。その他、十三世紀の石造りの塔が組み込まれた要塞造りのショッピングセンターからでさえ、ケルト文化の片鱗がうかがえる古都である。

ダブリンとは違う、どこか荒涼とした風景に、体中がザワザワと音を立てている。私はこんな気持ちがどうして湧いてくるのだろうと思いながら、目抜き通りのウィリアムストリートをコリブ河口に向かって歩いた。

「地球の果てに来たって感じだね」

夫が、時たま吹き付ける強い海風に顔をしかめながら呟いた。私たちの前には、荒々しいゴールウェイ湾が広がった。

「この海の向こうは、何もないんだよね」

私は頭の中で地球儀をクルリと回してみた。

アイルランドはあいまいな世界だ。イギリスほどの情報も馴染みもなく、かといってグレイト・ブリテンと皮一枚でつながって、同じ旅情をたたえている。アイルランドの向こうには北大西洋が続いている。太平洋のはずれの島国日本で生まれ育った私にとって、この海には自分との何の接点も感じられない。

いつか六本木のレイトショーで見た、シチリア島を舞台にした叙情映画「カオス・シチリア物語」に出てくるコバルトブルーと灰色を合わせたような、透明で哀しい海を思い出す。あまりにその微妙な色合いが美しいので、あの時は、カメラマンが画像を補整してその色を作り出したのだと思っていた。

ところが、今、目の前には、それと同じ色合いの海が、この街に向かって押し寄せては引いている。日本にもハワイにも、イギリスにもない海の姿。遊んだり、くつろいだりするためではなく、ゴールウェイの石造りの建物と同じく、パズルのように大きな風景に組み込まれ、古代アイルランドを彷彿とさせている。

「とりあえず、パブに行こうか」

夫の言葉に、私はカメラのシャッターを切る事を止めて、来た道をテクテクと戻り、ハイストリートに面した凱旋門を思わせる大きなパブに入った。一階のオープンスペースにはバーカウンターがあり、それを見下すように段差のあるフロアーがぐるりと囲んでいる。地下一階、地上三階のレストランも併設されたゴールウェイでも人気のパブらしい。

夫は好物のギネスを一気に飲みながら、上機嫌で話し始めた。

「この街好きだなぁ。うんとリラックスできるなぁ。それに女の人がエキゾチックだもんなぁ」

「どういう意味？」

私はタバコに火をつける。

「気が付かなかった？　この街の女の人って黒髪が多いんだよ。あれって、スペイン人との混血が多いせいだってさ」

そう言いながら、夫は回りをキョロキョロと見回し、今言ったことを証明しようとしている。私も彼の視線を遅れながら追う。すると、今までは気付かなかったが、確かに黒髪の女性が多い。

「なっ。分かるだろ。どこかジプシーみたいで、イギリス人っぽくないよね。親しみやすいんだよ」

アイルランド共和国もイギリスの一部だと思っている夫は、得意顔で喋り続ける。イギリスを人生の終着駅と思い込む私にとって、その言葉は、小さな不安を掻き立てた。

「ねえ、ひょっとしてイギリス人が嫌いになったの？」

私は二杯目のギネスを運んできた夫にすかさず尋ねた。彼は、なんだよと小さくかわして、ギネスの泡で白髭を口の回りに作りながらも、昼下がりの薄暗いパブで何かを考えている。

私はその横顔を眺めながら、またしても体の中がザワザワしてきた。

私たちはあてもなくゴールウェイの街中を歩いた。中心部が狭く小さなこの街には、十七世紀の商店建築が多く、それが不思議な様相を呈している。アラン諸島の玄関口のせいか、乳白色のアランセーターを売る店も多く、観光客が店の前で買い物をする仲間を待っている姿も多く見かける。ケーブルやダイヤなど伝統的模様の入った手編みセーターが大好きな私は、幾度となくショーウインドーに顔を擦り寄せるが、表示価格を見て退いてしまう。どんなにクオリティーが高くても、セーター一枚に一万円も出せない。そう思っていたはずなのに、あちこちで魅力的なザクザク編みのセーターを見ると、サイフに手がのびてしまいそうだ。これが物欲のメカニズムなのかと思った瞬間、私は我が目を疑った。

その店のショーウインドーに並べられているアランセーターは、流行のアルパカブラウンや若草色の毛糸で編まれてある。いつか本で読んだ「モダン・アラン」のセーターなのだ。しかも、値段が他店の半額以下。どれも三〇〇〇円程度。私は大喜びで夫を見た。私の両目には、「これなら買ってもいいよね」と書いてあったはずだ。

だが、振り返った夫の顔は、驚き呆れている。

「すごいなぁ。何なんだ、この店は」

「安いよねぇ。デザインもおもしろいし」

「何言ってんだよ。このショーウインドーのマネキン見てみなよ」

彼の怒ったような声に、私は顔を上げ思わず叫び出しそうになった。

アランセーターを着ている男女のマネキンの顔は泥で薄汚れ、髪は埃と油でべたべたになっている。そしてあろうことか、マネキンの首と腕は一様に折られて、ダラリと垂れているのだ。誰かがセーターを着せたあと、首をねじって折ったのだろう。

それは、奇をてらったパフォーマンスではなく、頭のおかしな店主が、もう何年も店の手入れを怠った果てのありさまだと思った。

「汚ねえなぁー。まるでゾンビだよ。こんなもん買うやついるのかなぁ――」

夫は物珍しそうにマネキンを見ている。

だが、変だ。この店はゴールウェイ一番の賑わいを見せる商業エリアにある。どこのセーター屋も大変な人出なのに、この店の前で足を止める客は誰もいない。この店の家賃は誰が払っているんだろう。

「きっと、倒産したんでそのまま店主は夜逃げしたんじゃないの、よくあるパターンだよ。行こうよ」

「待ってよ。やっぱりこのセーター新しいわよ。だって、さっきの店に同じデザインのものがあったもの。タグだって汚れてないし、やっぱり商売やってんのよ」

私の目は「Happy Price for X'mas」(クリスマス特価)と書かれた手書きの文字に止まったままだ。

「まさかおまえ、この中に入って買い物するわけじゃないだろうな」

勘弁してくれよ、と彼も不機嫌な顔になってきた。

「もし、中にヤク中、アル中の変質者がいたらどうするんだ」

入口があるにはあるが、ペンキの剥がれきったドアに、ノブは引きちぎられてついていない。

「オレたち以外、この店の前に立ち止まっている者は誰もいないんだぞ」

どうやら彼は怒り始めたようだ。

「それでも私は見てみたいの。この店の中にどんな人がいるのか。店の中がどうなっているのか。一生のお願いだからついてきてよ」

私は彼の返事を聞かずにドアに手をのばした。その時だ。ドッとドアが開き、大きなシェパードが中から飛び出してきたのだ。

私は大声を出し、彼の後ろに回った。何故かは分からないが、人ではなく犬が体当たりで店のドアを開けたのだ。

そのシェパードに続き、同じく二匹のシェパードが出てきて、連なるようにどこかに消えていった。その姿は、犬というより黒い鉛のようだった。体毛は汚れでベットリ体にこびり付き黒光りしていた。おまけに犬たちの放つ悪臭。道行く人々が彼らを避けないのが不思議でならなかった。

「分かったろ。危ないからもう行こうよ」

「ばかね。犬が出て行ったから今がチャンスなのよ。あの三匹が戻ってくる前に中に入りたいの」

私は力一杯彼の腕をつかんでドアを開けた。かなり広い店内は、カビと犬の放つ臭いが混じり合ったような悪臭が立ちこめている。ハンカチで鼻を押さえても、一分ともたない。電気もない店内で、小さな窓からの光だけを頼りに目をこらし、店内の様子を探る。

店の両壁に取り付けられた棚には、まばらにアランセーターが置いてある。かつて、この店がどれだけ繁盛したのか、そのレイアウトから偲ばれる。全ての棚にセーターが並べられたとしたら、それは問屋並みの量になる。

「おい、あそこに人がいる。ヤバイよ」

夫の声の方向に目をやると、店の奥のレジらしき場所に一人の老人がたたずんでいた。隙間からもれる白い光がそこだけを射るように明るくしていた。彼の周りには数匹の犬がいる。あちこちに穴のあいたダッフルコートを着込んだ彼は、その犬に見守られながら、一人で何度もアランセーターをたたんでいた。たたんでは広げ、広げてはまたたたむ。

私はその姿に圧倒されつつ想像した。

もしかしたら、彼はかつてこの店で大きな財を成したのかもしれない。けれど、何かの拍子に商売が転覆し、顧客も家族も彼のもとを去り、彼は精神を病んだのだ。そして、今はのら犬たちと人生の最高の舞台であったこの店で、ひっそり生きているのだろう。他に行き場はなく、この悪臭の中でだけ、彼は自分の亡骸を抱いて生きているのだ。私と同じ経営者でありながら、この老人の仕事にしがみつく思いは、はるかに重く深かったのではないか。

そう思った瞬間、私はその辺にあった一枚のセーターを手に取り、森のように暗い店の中を老人目指して歩んで行った。何がなんでもここでセーターを買おうと思ったのだ。

「すみません……」

声をかけたその瞬間、老人が私を見るより先に、犬がこちらに向かって来た。

「危ないっ」

夫の声に続き、私たちは一目散にドアめがけて走った。ガウッと背後でうなり声が聞こえたのも束の間、私たちはハイストリートの雑踏の中に飛び出していた。地の果ての街と思えたゴールウェイにも、さらに果てがあった。すごい剣幕で怒る夫の言葉は人々のざわめきと、どこからともなく聞こえるパブのセシューンの音楽で、散り散りになっていった。まだ、鼻の頭にへばりついているあの悪臭の中に老人は生きている。私が毎日原稿を書いたり、コーヒーを飲んだり、テレビを見たりしている間も、彼の人生はあの空間で時を刻んでいるのだ。誰に知られることもなく、ひっそりと。

その夜、早めにベッドに入ったものの、私は何故か眠れなかった。ゴールウェイで泊まったB&Bは、インテリア雑誌のグラビアから抜け出したような、白い木綿のファブリックで統一されている大変清潔な宿だった。私は、ノリの効いたシーツに顔を近づけて、その完璧なベッドで安心して眠ろうとした。けれど、体の中からは、枯れ木が枝をすり合わせるような、あの乾いた風の音が聞こえるばかりだった。

時計を見るとまだ十時だ。私はそっとベッドを抜け出し、コートをはおってラウンジに行った。宿の人たちも自分たちの部屋に戻ったようで、そこには誰もいなかった。シンと静まり返った夜が肩に重い。手持ちぶさたに室内を見回すと、ラウンジの片隅にアンティークのガラスシェードに照らされた小さな本棚を見つけた。その中から私は一冊の本を取りだした。それはサマセット・モームの「A Writer's Notebook」(作家の手帳)だった。題名に魅かれパラパラとめくっているうちに、その中の一ヶ所に目が止まった。それは次のような内容だった。

「これまで自分の辿ってきた生涯を、もう一度やってみる気はあるかと尋ねられることが時々ある。大まかなところ、私の人生は上出来であった。おそらく、世間一般の人よりいい人生を送ってきたと思う。しかし、これを繰り返して意味があるとは思えない。それは、前に読んだ探偵小説をまた読むようなつまらなさがあるだけだろう」

私は何度もその箇所を目で追った。アルファベットの行間からは、昼間、私が見た老人の姿がシルエットのように浮かび上がってきた。その時、遠い所にあった真実が手元に戻ってきた。そして、心のざわめきは止まり、私は耳を傾ける。長い問いかけの答えに。

私は自分が、いつか彼のような姿になることを長年心のどこかで恐れ、不安に思い続けてきたのだ——と。

例えば、今の仕事に失敗して、思わぬ事故に躓いて、経営者として破綻したその時にどうするか——。私もたった一人になって生きてゆきたいと思うだろう。このゴールウェイのような日本とは縁の薄い、最果ての文明社会で。

だからこそ、私の心の半分は、ここに来た時からこの街を認め、受け入れたのだ。だが、内側から聞こえたざわめきは、それに反発する私のバイタリティーだったのかもしれない。生涯、こんな淋しく、地の果ての街を必要とする情況は、あなたには絶対やって来ないのだと、私の中のリーダーが死に物狂いで旗を振って叫んでいたのだ。「大丈夫、大丈夫」——と。

私は再び本を広げ、行間に目を落とした。上出来の人生——a pretty good life。汚い犬たちに囲まれ、精神を病んで暗い森のような朽ち果てた店の中で、一日中セーターをたたむ老人。誰が彼の人生をつまらないものだと言うのだろうか。彼の人生は彼の中で上出来になっているのかもしれない。多くの人は、満足とは得てして他人の同意を伴わないのだとは知らずに死んでゆくのだ。

私の名前を呼ぶ声に振り向くと、コートを着た夫が立っていた。

「俺も眠れないんだ。パブに行かないか」

今日で四回目だよと言うと、彼は笑って言った。

「頼むよ。ギネスの国に来たんだ」

アイルランドがイギリスよりいいなって思ったのも、ギネスが旨いからじゃないかと彼は澄まして言った。俺は大工の息子。さしずめイギリスでいうところの労働者階級出身だから、鼻高なイギリス文化より、じゃがいも料理とギネスがあれば幸せなんだよ。それだけで充分。他に何もいらないよ。単純でいいだろ、俺は最高の亭主だよ。

彼の明るい声は、ゴールウェイの凍り付いた夜に、私の背中をドンと押し出した。

「黒いやつ、飲みたいよね」

私たちはコートを重ね着して、再びパブを目指した。そうして、小走りに駆ける四つの靴音は、私たちの足音よりもずっとリズミカルに、最果ての街を刻んでいったはずだ。

*section*

# 8

# イギリスに暮らすとき

仕事も私生活もある程度のメドをつけたら、四十代でイギリスに移住するつもりだと話すと、多くの人は「ふうん」と曖昧な返事を返す。その次に聞かれるのが、

「向こうに行って何をするの?」

という同じ質問だ。

「本を書いて、庭仕事をやりたい」

と答えると、「へぇ」と一言あり、そこで会話は途切れてしまう。別にこちら側も何かの話の流れで、将来の秘かな願望を漏らしただけだから気にも止めないが、最近になって、これには別の理由があることに気付いた。

四年前、私は一瞬のひらめきに誘われるままに、ミクロネシアの島々へ飛んだ。

サイパン、テニアン、ロタ、パラオと飛行機を乗り継いでアイランド・ホッピングを重ねながら、太平洋の島々に暮らす日本人をルポしたのだ。

それは一冊の本にまとまり、まばゆいばかりの青い海の写真と共に全国の書店に並べられた。ホッとしたのも束の間、その後、たくさんの読者の方々から、毎日のように編集部に手紙が届いた。その中には、「向こうでダイビングのインストラクターになりたい」とか「コンドミニアムを買い、ハワイに移住して夫婦で暮らすつもりだ」など、具体的で明確な夢が生き生きと書き綴られていた。その半分以上はすでに移住計画に着手している様子で、手元に届く手紙はそんな夢の構図でもあった。その中には資金繰り、現地での仕事、貯金、人生計画など、思いつきではない練り上げられたプランばかりが書かれてあった。それにしても、日本人が海外移住をこうも具体的に計画・実行できるとは驚きである。

通常、英語圏の場合、居住や労働に関するビザは取得しにくいのに、ミクロネシアは別のようだ。日本人観光客を呼び込むための移住・定住であれば、現地も大いに歓迎なのだ。これは太平洋の多くの島々が、日本人観光客の落とす円によって成り立っているという経済的バックグラウンドによるのかもしれない。その事はグアム、サイパンの街を歩けば、石垣島より東京に近い感覚を持つことで分かる。そこは日本人だらけで、それを取り込む日系のショップやレストランでひしめき合っている。まして、成田から三時間強で到着する。

海外といえども、沖縄より南の八重山諸島に引っ越すよりも、都会に暮らす人々にとっては馴染み易いはずだ。そう、今の生活を変えずに、すぐに馴染める外国移住であれば、人々は理解しやすいのかもしれない。

「あぁ、あそこなら行ったことがある」

「レストランや店でも日本語が通じるから楽よね」

「あなたが向こうに行ったら、私も遊びに行くからね」

こうやって、移住を打ち明けられても、会話は現実レベルで発展していくはずだ。ところが、イギリスだとこうは行かない。日本人だからといって優遇されたり、甘やかされる環境や必要性はどこにもないのだから。まして、現在（2001年）、日本も含めたアジア経済は相変らず低迷した状態にある。実質、日本は依然、国民の貯蓄高も世界一で、それほどの経済的ダメージもないのだろうが、数年前に比べるとポンドは値上がりし、円を持ってイギリスに出かけると全てが高く感じる。

ついこの前までは、ロンドンを歩く度に通りすがりのイギリス人に呼び止められた。

「東京は高い街だってな。みんなはどうやって生活してるんだい？」

あの陰りすら今はない。一般市民の反応は正直である。

太平洋の島々に飛ぶより難易度の高い移住計画。それでも、私にとってのイギリスとは、十九歳で初めて渡英したその瞬間から、運命の国となった。

二十代の頃はその方向性を見いだした自分が誇らしく、やがて、向こうで暮らし始めた時のためにと、夢中でイギリス人の恋人や友人、知人を増やしていった。ところが、三十代に入ると仕事も忙しくなり、それなりの社会的立場や責任を負うようになる。そうなると、個人的な夢を実行に移すことはますます困難になり、イギリスへの移住は薄っぺらな執着心に変わってゆく。二十代の頃、必死でこしらえた人脈とも疎遠になり、まさに八方ふさがりだ。相変わらず気持ちの底辺はイギリスに向いているのに、何かがちぐはぐになってゆく。

少なくとも、このまま東京で暮らしていけば、自分が築き上げた仕事があり、購入した住まいや車もあり、友人、家族、仕事仲間とも別れる必要はない。これらはイギリス移住の夢よりも、私の中にある得難い宝である。そして、それを手放し、同じ質のものをゼロから築くことができるかと問われれば、正直自信が持てない。車や家など形のあるものはまだいい。だが、もう一度会社を作るとか、自分にとって快適な仕事の環境を整えることが本当にできるのだろうか。そういった類の作業が、いかに根気と時間と運を伴うことか、この十三年間でつくづく知っただけに、尻込みしてしまう。

私のように仕事の中に自己実現を果たし、充足感を見いだそうというタイプは、ある程度まで経験を積み上げると、それ以上の実績を作るには自分一人の力だけでなく、優れたブレーンが必要になってくる。一人で成し遂げることには限界があり、それをさらに飛躍させるには、複数の人間が集まった時に湧き出るエネルギーのようなものが必要だ。

私の場合、十数年間ふるいにかけられ、縁という網目に引っかかった今の仕事仲間は、ペンを持つ指や文字を追う両目と同じく、私を前へ前へと押し出してくれる。時に神がかってると思うほど全てがうまくいく瞬間があり、後で考えるとそこには必ず彼らの存在があった。

今でも会社に行くと、あいさつを交わしたり目を見るだけで、お互いの状況が察し合える人々に会える。それは私にとって喜びであり、同時にイギリスへ移り住むことを躊躇させている大きな理由の一つだ。

人間関係に保守的で、信頼関係を築くまで時間のかかる私のこと、外国で砂の数ほどの人の山から本物を見つけ出し、何かを一緒に目指すなど、考えただけでもしんどいことである。

それればかりか、毎晩のように何時間も話し込む女友達や、一緒に食べ歩きする心優しき先輩たちからも離れなければならない。よしんば夫や娘が同行したとしても、失うものはあまりに大きい。

築いてきたものと、これから出会うものを天秤にかけて、そのどちらかを選択するのは至難の技だ。

「何となく」「一年間休養のつもりで」と、人生の節目、継ぎ目の時期を上手に見つけて日本を脱出する人々。その結果、「たまたま今の夫に出会い国際結婚した」とか「学生アルバイトから就労の道が開けてビザを取った」など、流れるように外国暮らしが始まっている。つまり、私のように生活全般の様々なことに思いを馳せ、もし、ああなったら、こうなったらと考えを煮詰め、焦げ付きそうになるまで行動しないのは単なる臆病者なだけではないか。そうやってズルズルと四十代に突入してしまう。

では逆に、なぜ日本ではいけないのだろう。私の中に一つの文化だけで人生を終わりたくないという大義名分があるにせよ、自分が生まれ育った国で暮らし続ければ、何の面倒なこともなく、全力でやりたい仕事に打ち込めるのに。

確かに、すすけた石造りの家が点在するイギリスの牧歌的な村は大好きだけど、日本の山村にポツンとたたずむ一軒宿にも限りない哀愁を感じる。パブに関しては、一軒丸ごと買い取ってしまおうかというほどの思い入れがある。その反面、西武線沿線の名もない小さな居酒屋には、「昭和」を彷彿とし、ホロリとする。ゆっくり足を伸ばせるイギリス式のバスタブもいいが、お湯がジャージャーかぶれる日本のお風呂も捨てがたい。書けばきりがない。つまり、おおよそのところ、イギリスと日本の暮らしを考える時、私にとっては全てが一長一短、おしなべてどちらも良い、ということになる。それなら本当は、日本にいる方が遥かに幸せなのかもしれないのだ。

ところが、暮らしの根底に潜む目に見えない部分はどうか。私は迷わず日本とイギリスの両国に大変な開きがあると言うだろう。高級官僚の汚職、動機の良く分からない少年達の殺人事件、政治のできない政治家の台頭や薬害エイズ事件に見られるモラルや生命の軽視など、日本崩壊の予兆は挙げればキリがない。

私は毎日の通勤に地下鉄を利用しているが、この半年間で、大声をあげて乗客につかみかかったり、「ぶっ殺してやる」というおぞましい暴言を吐く人を何人も見た。それよりもっと深刻なのは、それらが小学生・中学生によって引き起こされていることだ。

一度など、プラスチックのヨーヨーを持った男の子が地下鉄に乗り込んできて、乗客の座っている方向にヨーヨーを振り回し始めた。手元が狂えば、誰かの顔に当たり大ケガをする。私は「またか」と思い、周りの大人の様子を見たが、皆、注意するどころか、次の駅でゾロゾロ降りていった。確かにその少年も子供にしてはガッシリとしていたが、ランドセルを背負った小学生である。何も大の男の人たちまで逃げていくことはないじゃないかと思った。私は身をすくめ、その少年に声をかけるタイミングを見計らっていたが、その子供はその次の駅で降りてしまった。

けれど、これも毎度のことだ。

以前、女子大生が、アル中らしき中年の女性にいきなり殴りかかられた時も、両隣りに座っていたサラリーマンは肩を震わせ黙って下を向いたまま。私は彼らの反応の方が余程怖いとその時思った。

そんな事が続いて、私は、アフリカ製の笛を首にぶら下げて通勤するようになった。これは、耳をつんざくほど高い音が出るので、何かの時に役に立つだろうと護身用に縁日で買ったのだ。

子供や女性に対してでさえ、盾になれない人々。かといって、他人に優しくもできない人々。私が尊敬する知り合いの牧師が、ある日こんな事を話しておられた。それは、彼が偶然読んだ新聞のある記事についてだった。

「目の不自由なおばあさんが、信号が赤だと知らず横断歩道を渡り始めたそうです。たまたま、その様子を人々が近くのバス停に並んで見ていたのに、誰一人声をかけない。下手をすれば、そのおばあさんは、車にはねられ命を落とすかもしれないのに、見ている人々はそこに飛び出してゆくことが恥ずかしかったのでしょう。一体、日本人はどうなったんでしょうね。人の命より恥ずかしいという気持ちを優先させるなんて」

ため息まじりのこの言葉は、これまで私が疑問に思い続けてきた出来事と連鎖して、「日本にいてもいいわ。イギリス移住は面倒だから」という考えを根底から揺さぶった。それればかりか、こんな国で生涯生き続けることができるのだろうかという、暗澹とした気持ちにさせられたのだ。

そうなると、日々の暮らしの中で衣・食・住レベルの満足度は、日本とイギリスで五分五分だとしても、当たり前の常識と良識の通じる国に行きたいと心が叫び出す。いや、そうしなければ自分が貫きたい生き方を全うできないとさえ思うのだ。

こんな思いに駆られる時、私には必ず思い浮かべる出来事がある。この体験を通して、私のイギリスへの思いは更に強くなったと言っていい。自分のフワフワした願望に、はっきりと理由付けをした忘れられない思い出である。

私はその日、リバプールからロンドンに向かう列車に一人で座っていた。イギリス人のボーイフレンドとその朝大ゲンカをし、そのまま夕方のフライトで日本に戻らなければならなかったのだ。目からは、とめどもなく涙があふれ、ただ、列車の中のブュッフェで買った熱いミルクティーをすすりながら窓の外の景色を見ていた。ケンカといってもたわいもない行き違いから始まったのだが、修復する前に別れることが辛かった。お互いの仕事の都合とはいえ、日本とイギリスは遠すぎる。私は、じわじわと二人の恐ろしい危機を感じていた。

「もう二度と会えないかもしれない」

彼が列車が発車するまぎわまで、

「すぐに電話する。心配しないで。悪いのは僕だから」

と繰り返し訴え続けた言葉が、エンドレスな英語のベルトになって、グルグル頭の中を回っている。なぜか謝罪の言葉も宙に舞っているようだった。

「私たちは終わってしまうかも……」

直感だった。

その時、鋭い痛みが心と体に走った。私は泣きながらこれが失恋の痛みなのだと思った。ところが、定期的に襲ってくる激痛はその中心が胃であることから、発作的ケイレンのようだった。

私はミルクティーを口にふくみ、しばらく両手を胃の上に強く押し当てがまんしていたが、その激痛は治まるどころか、やがて腹部まで広がって、吐き気すら伴うようになった。

これ以上すわっていられないと、私は隣の人に荷物をたのみ、バッグを持ってよろけながら車掌室まで歩いた。息も絶え絶えに痛みを訴える私に、その車掌はすぐに車掌室を一部屋空けてくれ、私をそこに横たわらせた。「ティーはいるか」と聞くので、「ハイ」と答えると、ミルクと砂糖の量を確かめに戻ってきて再び出て行った。こんな急病の時に砂糖はいくつでしたっけと確認するなんて、事態を軽く見ているとしか思えない。そのあと何度も顔を出し痛みは治まったかと聞くので、ずっと同じだと答えた。

しばらくして、新しいミルクティーを二つトレイに乗せ、私がうずくまった部屋にまた車掌は入ってきた。

「あいたたた……」

私が真っ青になっていると、ミルクティーを勧めながら微笑んで話かけてきた。

「時々こんなふうになるの？」

「いえ、初めてです」

「ふーん。ちょっとパスポートを見せて」

私はバッグの中からパスポートを出し、優しい顔をした白髪のその車掌に渡した。目がサファイアの原石のように青い。

「ほう、日本人ですか。日本からイギリスまでは飛行機で何時間かかるの？」

顔をしかめて返事を返す。車掌は、そんな会話を交わしながらも無線でどこかと連絡を取っていた。

「日本へはいつ帰る予定なの？」

「今日」

「今日帰るって、イギリスのフィッシュ&チップスはたんと食べたのかい？」

彼は、また私の顔をのぞき込む。

何だか随分のんきな会話をしているなぁ。私がこんなに痛いのに何なんだろう。さっさと薬を持ってきてくれればいいのに——。そう思った途端、猛スピードで走っていた列車がガタンと止まった。それと同時に、私の耳にもハッキリと分かる場内アナウンスが流れ出した。

「レディース&ジェントルマン、乗客の日本人女性が急病のため、列車はしばらくこの駅に止まります。尚、この日本人女性から荷物を頼まれたお客様、恐れ入りますがその荷物を至急、車掌室まで持ってきて下さい。くり返します——」

私はギョッとして、白髪の車掌に聞いた。

「どうして列車が止まったんですか？　私のためってどういう事ですか？」

その質問とほとんど同時に、乗客によって私のボストンバッグは運ばれてきた。私は何が何だか分からず泣きそうになった。すると、車掌は私の手をとって言うではないか。

「今、救急隊がここに来るから、すぐに病院に行って手当てを受けなさい。このままの状態でロンドンまで旅を続けるのは危険だよ。心配しなくても大丈夫、私がついているから」

何と、彼は私にミルクティーを飲ませている間に、私の状態を観察しながら、方々に連絡を取り、全てをセッティングしていたのだ。あまりの激痛にその間、どんなことを聞かれたかよく思い出せないが、この事はイギリスの身元引き受け人という事で、リバプールのボーイフレンドの家にも、ブリティッシュレイルより時を同じくして連絡が入っていたそうだ。

私がタンカで運ばれていく時に、車掌は救急隊の責任者の男性に私の状態を的確に話していた。そのプロフェッショナルな口調は、さっきミルクティーを勧めていたものとはうって変わっていた。そうして最後に彼は、不安そうな私の顔を見て、列車の入り口に立ったまま手を振った。

「Have a nice journey!　いい旅行をね！」

この時は痛みを忘れるほどあっ気にとられたが、思わず胃を押さえていた手を小さく挙げて応えた。それも束の間、私は四人のイギリス人によって救急車の中に運び込まれたのだ。

車の中には、さっきの白髪の車掌と同い年くらいの救急隊員が乗っていた。白衣の下に紺色のトレーナーがのぞく、アル・パチーノ似の快活な隊員だった。私の顔を見るなり「もう安心だね」とニコニコ笑って挨拶をしてきた。

血圧を測りながら、彼は色んなことを再び訊ね始めた。こちらが何かを答えるたびに「オーケー」と大げさに笑うので、私に気を遣っているんだなぁと思い、また気持ちが沈んできた。年をたずねるので三十歳だと答えると、彼はいきなり大真面目になり、

「ノー。絶対に違う。自分は信じない」

を繰り返す。私はイギリスではいつも十代に見られるのだと言うと、顔のそばかすが若く見える理由だろうと真剣に意見する。こっちは急病人で救急車の中にいる。そんなこと、どうでもいいじゃないかとバカバカしくなったが、その隊員が「信じられない」と言い続けるので、思わず吹き出した。すると、彼は大きな声で私をほめたたえるではないか。

「Beautiful smile! That's my girl!」

これは訳すと（いい笑顔だ。それでこそ君だよ）となるのだろうが、その時の私は、別な感動におそわれた。

それは、彼らの徹底したプロ意識と不滅のユーモア精神だった。

一介の旅行者である私のアクシデントを終始笑顔のうちに受け入れ、適切な処置を取ってくれる。その様子からして、これはたまたま、私だけに向けられたものではないことは明白だった。

もし日本で同じようなアクシデントが起きたら――。外国人を前に私達はどうしただろうか。相手が日本人でなければ「面倒みてやってる」という態度をとるのではないか。そういった現場に私は何度か居合わせたことがあり、見ているだけで不快になった。

あの白髪の車掌や救急隊員は、イギリス人に限らず出会った人全てにその職務を遂行するのだろうか。そんな彼らを見てイギリス人を評価するのは間違いなのか。もちろん、この事だけを取り出し礼賛することは控えたいが、今の日本ではなかなか出会えないような人々が、なぜかイギリスには多い。これは事実である。

そして、この出来事には続きがある。

結局、運び込まれた病院で、私は急性の胃ケイレンだと診断された。旅行による疲れと緊張が引き起こした、ストレス性のものだから心配はないと。

私はこの事を、すっきりしない気持ちで別れたボーイフレンドに一刻も早く知らせたいと思い公衆電話を探した。列車を緊急停車させ、救急車で病院に担ぎ込まれたとなれば、リバプールにいる彼は仰天してここまで飛んできてくれるかもしれない。それとも、オロオロして電話口で泣くだろうか。私の心は期待で高鳴った。

胃の痛みもいつの間にかすっかり治まって、彼と終わってしまうかもしれないという重たい憂愁がまた頭をもたげ始める前に、何としても声を聞きたいと思った。少しずつ心をむしばむ恋の鈍痛が始まる前に——。

走り回った末に、病院に面した通りに公衆電話を見つけダイヤルした。指が震えている。彼の温かい声を私の耳は期待した。

ところが、電話に出たのは彼の弟だった。

いわく、兄はあなたのアクシデントを聞いて心配したようで、友達の医者に会いに行っている。もし、あなたが今から一人で列車に乗ってここまで戻ってこれるのなら、僕が兄にかわってリバプールのライム・ストリート駅まで迎えに行くよ。兄からは予定を変更してしばらくイギリスで静養してほしいと伝言を言い付かってるから。——というのだ。

私はさっきまでの高揚した気分がたちまち冷めて「分かりました」と電話を切った。いくら、心配だからとはいえ、私からの電話を待たずに友達の家に行くなんて、あの人は間違ってる。ここで二人抱きしめ合うような会話を交わし、「今すぐそこに行くよ」と言われれば、私は安心して日本に帰っただろう。彼の愛情に包まれたまま。

けれど、私たちはまた、すれ違ってしまった。そして、今度こそ、地球の表と裏ほど離れた距離の中で、この愛は消えてゆくのだろうと思えた。

それは仕方ない。彼は私という人間がいつ、どんな時に何を欲しがっているのかをいつも分からなかったし、最後のドラマチックな展開すらものにできなかったのだから。そして、そんな彼の運のなさを知りつつ、それをカバーするどころか、いつもそれ以上の成果を期待し続けてきたのが、この私なのだから。

私はノロノロと電話から離れて、涙を拭いながら一台のタクシーに乗った。こんな状態で日本まで長時間飛行機に乗るのかと思うと、うんざりする。

チェックインまではあと四時間。今日という日は、ほとんど泣いていたので、ひどく疲れて首すら動かしたくない。もう、全てがどうでもよくなった。

運転手に断って、何本タバコを吸っても、ささくれ立つ心を押さえられない。

「運転手さん、私、さっき最寄りの駅までって言いましたけど、ここからヒースロー空港まではどのくらいで着きますか？」

その中年の運転手は、「エッ」と小さく驚きゆっくりと答えた。

「ヒースローまでは、ここから二時間ぐらいだね」

「二時間かぁー」

「この少し先に、ヒースローまでの長距離バスターミナルもあるよ」

「バスかぁー。何か面倒だなー」

小太りの彼は、浅黒い肌をして口髭をはやしている。ところどころに穴のあいたグレーのジャンバーを着て、いかにも労働者階級《ワーキングクラス》らしい真面目なおやじさんである。

「日本人かい？」

彼は運転しながら淡々と尋ねるので、私はそうだと答えた。

タバコを吸いながら、また、ボーイフレンドのことをあれこれ考え始めた。少しばかりお金があって、仕事が忙しいからって、鼻高々なのよ。だいたい医者に相談に行くほど心配なら、私の顔を見にヒースローまでやって来ればいいのに。そういう曖昧なところが、結局、私とは合わなかったわけよ。いつも、何かが起きた時には誰かに相談に行く。それも自立してない証拠じゃないの。

思い出すほどに、腹立たしい気分になってきた——。結局、胃ケイレンを起こしたのも、彼のことが原因なのだ。何で私はイギリスくんだりまでやって来て、こんな災難に遭うんだろう。その上、たった一人でトボトボと日本に帰るのだから。その瞬間、私の怒りに再び火がついた。

私はカッと両目を見開いて、運転手に言った。

「すみません。このままヒースロー空港まで走ってもらえます？」

こんなみじめな心と弱りきった体で、荷物を持ってバスに乗り継ぐのはごめんだ。まして、ここは彼の国。恋した男に対する腹立ちはイギリスという国にまで向いてきた。何よ、こんな国！　こうなったら一刻も早く日本に帰りたい！

その時だ。何かを考えていたような運転手が、沈黙と同じくらい静かな声で私に言った。

「お客さん、あなたは日本人で、あなたがお金を持っているのは分かる。まして、ヒースローまで走れば、私にも大金が入るからね。けれど、私はイギリス人だからあえて言うけど、この先から空港行きのバスが出ているのに、こんな高いタクシーに乗り続けるというのは、あなたのお金をドブに捨てるようなものだよ」

私はいきなりの展開に、頭から水をかけられたように驚いた。私がポカンとしていると、その運転手はルームミラーで何度も私の顔を見ながら言った。

「お金はもっと価値のあるものに使うべきだ。イギリス人なら、絶対にあそこでバスに乗り継ぎますよ」

私は、ただただ圧倒され、「はい」と小さく答え、荷物を持ってそのバス停で降りた。あまりに気が動転していたのか、チップを渡すのも忘れた。が、彼は礼儀正しく挨拶すると、もと来た道を走り去って行った。

私は小さくなってゆくそのタクシーを目で追いながら、一言つぶやいた。

「負けた」と――。

私は、一人のタクシー運転手の言葉にすっかり打ちのめされた。そうして、その時思い知らされたのだ。日本は、まだまだイギリスには勝てないと。私は彼にその理由を突きつけられたような気がした。それ以来、私は折に触れ考える。

なぜ、私たちにないものが彼らの中にあるのだろうか。そして、私たちはこれからどうすればいいのだろうか。その答えがイギリスという、今、最も日本人に人気の高い国の中から見つかるのだろうか――と。

自分の意志で住む国を変える。確かにこれは自分を根こそぎにし、新たな第一歩を踏み出す個人の挑戦である。けれど、今の日本で意志的に暮らし続ける事は、それと同じくらい難しいことではないだろうか。そして、それもまた挑戦なのだと思いたい。

そう、時に悲観的になりはするものの、このどうしようもない現実に立ち向かうことで、答えはいつか見つかるはずだ。その時、それに続く第二の人生は自然にやって来るだろう。

だから私は諦めない。むしろ、思い描いた未来は、必ずどこかで種を落としているはずだといつも信じている。

どこかで芽が出て、花が咲いて、実が熟しかかっていたとしても、それを私がまだ、知らないだけなのだ――と。

# 黄金の池——後書きにかえて

将来イギリスに暮らすことになったら、どの辺に家を買おうか。イギリスのあちこちを旅しながら、私は必ずハイストリートや駅周辺にある不動産屋に並ぶ物件の写真を見比べて考える。そこで電卓をたたきながら立ち止まっていると、たいてい中からセールスマンが出てくる。

「家をお探しですか?」

と、満面の笑みで申し訳ないほどていねいに対応してくれるので、私も誇大妄想的にペラペラと自分の希望を話す。

「今は日本に住んでいますが、将来こちらで老後を送りたいので、広い庭付きで部屋数も多い物件が希望です。できればB&Bを始めたいし、庭はオープンカフェにしたいので、眺めがいいところがいいです。何というか、敷地の横を小川が流れて、そこに白鳥が浮かんでるようなイメージですね。かといってロンドンから離れていては日本に行き来するのに不便ですから、せいぜい車で一時間のところでしょうか。え？　予算ですか。えっと十万ポンド（約二〇〇〇万円）くらいですね」

ここで親切な営業マンは無理矢理笑いながら私にパンフレットを渡し、

「またいつでもどうぞ」

と静かに店のドアを閉めるのが常だ。すぐに購入に結びつかない妄想にとりつかれた外国人と真剣に対応するほど、彼らもヒマじゃないからだ。

ただし、私は丸っきりのデタラメを言っているのではない。

数年前イギリス南西部のソールズベリー（ロンドンから車で約二時間）の不動産屋でもらった"Village & Country Homes"というパンフレットには、次のような物件が載っていた。

（ロックボーン村）

広い庭のはずれに建つコテージ。眺望良し。建物のわきに小川あり。応接間、キッチン、食堂、三ベッドルーム、シャワー付きのワンルームあり。一四五〇〇〇ポンド（約二九〇〇万円）

ロックボーンという村を地図で確かめると、ソールズベリーから車で約十五分の距離だ。私がこのパンフレットを手に入れた時は一ポンド一六〇円だったので、その当時、この物件は約二三〇〇万であった。あと二十年働けば夫は定年となり、退職金が二〇〇〇万円ほど出るという。それを聞いた私は、家中の通帳や保険証券をひっくり返して、死に物狂いで計算したのを覚えている。

そうして、これなら将来買えるかもしれないと思った時、私のイギリス移住の計画に一段と幅が出た。東京の狭くて夢のかけらもない不動産の「住環境良好」「緑多し」とはケタ外れのレベルなのだ。玄関の周りで植木鉢につっかかりながらイングリッシュガーデンを作っている人々を横目に私は成田に直行する。イギリスではさっそく釣りの許可書を手に入れて、庭先から釣り糸を垂らすのだ。タプタプと小川が流れるように、私の人生の時間もよどみなく過ぎてゆく。

この一冊のパンフレットが私に与えてくれた夢は限りない。あの広いイギリスのどこかで未来の私の城が、主《あるじ》がやって来るのを静かに待っているのかと思うと胸が高鳴る。

子供の頃、家の裏山に友人らと登って、広い原っぱのどこに自分の基地を作ろうかと走り回って物色したあの感覚がふつふつと蘇るのだ。

「存在することは変わることであり、変わることは成熟することであり、成熟することは永遠に自分自身を創造していくことだ――アンリ・ベルクリン。最も重要なことは、常に興奮していることだ」（『道を見出す人々』ゲイル・シーヒー）

そうだ。考えてみたら、あの基地作りに明け暮れていた子供の頃から今まで、私の人生は常に興奮の連続だった。離婚や仕事への不安などから何度も窮地に追い込まれ、眠れずに友達に助けを求めた日々もまた平坦ではなかった。善きにつけ、悪しきにつけ、私は止まる事なく走り回っていた。自分でも認めるこのイメージを、私を知る友人や仕事仲間は「馬車馬」と呼ぶ。

「あなたは立ち止まると、たちまち疲れてしまう人なのね。常にどこかに目標を設定して突っ走っていないと安心しないんでしょう」

若い頃、度々言われたこの言葉は、四十代に突入した今、少しだけペースダウンしたような気がする。それは、逆に言えば鉄砲のムダ打ちをしなくなったという事だろう。

最近、私より一回り歳下の社員と話す機会があった。彼は自分の人生について考え込んでいた。もう一つ、自分を開眼させる強い決め手が欲しいようにも見えた。真剣な彼のまなざしの向こうに、二十代の頃の自分がいた。私は彼と話しながら、過ぎていったあの頃を回想していた。

「もっと外国に行った方がいいんでしょうか……」

彼は私の影響でイギリスにも興味を持っていると言った。私はそう思うなら休みを取ってでも行った方がいいのよと答えながら、彼もいつか予期しなかった出来事を世界のどこかで経験するんだろうなと思った。

外国に出なければ知り合えない人々。見えなかった風景。想像できなかった暮らし。

そんなものを積み重ねながら、いつか荷物をまとめ成田を飛び立つことが、渋谷や六本木で酒を飲んだり映画を観ることと同じように、東京に生きる日々の中に織り込まれていくのなら、それは世界を股にかけて生きているのと同じことだ。

東京という、世界でも最も過酷で時間に追い立てられる都会で働き、自分の愛する街へ旅立つ。そんなボーダレスな生き方の中から、星の数ほどの選択肢が広がり「自分はどんな生き方もできる」と自然に思えるはずだから。

先月、ロンドンに行った折、屈指の高級住宅地であるハムステッドを歩いた。ダラダラとなだらかなヒースストリートをゆっくり登りながら、私は夏になると泳げるという、ハムステッド・ヒースの中にある池を探した。

プールの消毒液臭い水が苦手な私は、海に限らず川や湖で泳ぐのは大好きなのだ。

ロンドンに住むのなら、やっぱりハムステッド。市内に近いし、治安はいいし、ロンドンが一望できる高台もあるし、おいしいクレープ屋があって、スノッブな若者が多い……そして広大なハムステッド・ヒースの中に泳げる池もある。頭の中でまた夢がモワモワとふくらみ始めた。

雨でぬかるんだ雑木林をくぐり抜けながら、時折、泥だらけのスニーカーの靴底を木の切りカブにこすりつけつつ、ひたすら歩いた。いい加減、嫌気がさし始めた頃にやっとこ現れたのが、探し続けた池、ベール・オブ・ヒースポンドだった。

透明な水とは言い難かったが、その水面には周辺のレンガの家や木々が映り込んでいて、やはりイギリスならではの風情だった。

犬の散歩にやって来たおばあさんに声をかけられた。すかさず、

「ここは泳げるんですか？」

と訊ねると、彼女は「おやまぁ」と私をジロジロ見て言った。

「子供はいいけど、大人はこの先のパブリックスポーツセンターのプールで泳ぐのよ」

その答えに、私が失望した顔をしていると何か勘違いしたらしく、

「この町に住民登録すればプールもジムもタダなのよ。手続きがまだならさっさとなさい」

と、せき立てられた。

私は「YES」と小さく答え、それでもこの金色に輝く池で自分は将来きっと泳ぐだろうと思った。カモや白鳥や子供たちと一緒に金色のしぶきを上げて泳ぎ、池の淵で日光浴をするのだ。

私のやるべき事が今日、また一つ増えた。

忘れずに、心の中に書きとめておこう。

# 文庫版後書き

二十八歳で初めて出版社の方から本の原稿を依頼されて十三年間が過ぎた。この間、情報誌の編集長を兼務しながら数多くの本を書き続けてきた。

本書は、そんな私にとって出発点となり、また読者の方より寄せられた手紙の数も最も多かった『いつかイギリスに暮らすわたし』（ちくま文庫）の続編、あるいは番外編ともいえる一冊である。

『お金がない、ビザがない、そして小さなルカがいる。でもこの国で暮らしたい』――こんなコピーを帯に記した「いつかイギリスに暮らすわたし」は、未熟な若い女性（私）が離婚、子育て、自立に直面し、紆余曲折を経て少しずつ成長し、自分の魂が求める真実の場所――イギリスに向かってゆく様を綴った体験的エッセイだ。この本の中には二十代から三十代にかけての私の魂の遍歴をありのまま描いた。

本書は、それを受け、前作では書ききれなかったエピソードを柱に構成した。十九歳で初めてイギリスという国を訪れた時の出来事から、再婚して現在に至るまで、私がかの国に求め続けたものが一体何だったのか――本書の原稿を改めて読むと、わが事ながら改めてその輪郭が分かってきた。

日本がバブル経済へと突入し、私達の暮らしはより慌ただしく追いたてられるように変わっていく中で、そぎ落とされていった人間らしい暮らし。そんな時代の流れの中で私は、目に見えない、でも日本にはない「真実」を探し続けて渡英した。

「四十回以上もイギリスに行き続けるなんて、いい加減飽きませんか？」

最近とみにこんな質問を受ける。こんな風に聞かれると、どこから手をつけて答えればいいか分からなくなる。

そのたびに私はかつて友人と交わした会話を思い出す。ちなみに彼は日本で経営コンサルタントの会社を設立し、財を成した英国人ビジネスマンだ。

私たちは久しぶりに再会し、お昼を食べながら世間話をしていた。

その時、私は彼に、多くの日本人は家も車も服もパソコンも必要最低限のものは全て持っている、だとしたら、貯め込んだ余分なお金をこれから何に使えばいいと思うか聞いた。

彼は即座に答えた。

「日本人は何と言おうがさらに物を買うだろうね。ところがさ、イギリス人はある程度暮らしが安定したら、間違いなく文化にお金を使うんだ。夫婦で旅行したり、映画を見たり、本を買ったり——さ」

さらに余裕のある人はチャリティに寄付して社会貢献したり、芸術家や音楽家のスポンサーになって文化を育てたりするという。

彼は得意気に言った。

「成熟した国の人々は目に見えないものに金を使うんだよ。それが文化レベルの証しさ。ところが日本人はいつも目に見える物を追いかけている。だから日本はいつもあやうい。中身がない国なんだよ」

私はなぜかこの言葉を最近しきりに思い返している。

先月、イギリスに出向いた時に南西部のスウォンジーという街で、本書の中でも紹介したチャリティショップに立ち寄った。この店は地元の老人ホーム支援を目的に開かれていた。店内には、古着、古本、生活雑貨が楽しげに並べてあった。全て地元の住民が寄付した中古品だ。その店は、クリスマス前という事で、それらを買い求める人々でかなり賑わっていた。

私が「盛況ですね」とレジの女性に話しかけると、きれいに化粧をした六十代の女性は誇らし気にこう語った。

「去年は一年間で二万ポンド（約三百五十万円）もの支援金を老人ホームに送ったのよ。この辺りのチャリティショップでうちは一番の成績を出してるわ。私は地元のテレビニュースにも出たんですよ」

彼女たちの労働力はボランティア。二十代から六十代の主婦がシフト制で店員をやっている。

私たちが話し込んでいると「おばあちゃん！」と、その女性の孫らしき小学生ぐらいの男の子がおやつをねだりに店に入ってきた。

時計を見ると三時近かった。彼女はカウンターの奥から数枚のビスケットを取り出し孫に手渡した。

「また夕飯の時にね！」

満面笑顔で手を振りながら店を走り去る子ども。

暮らしの中の「善意」はこんな風にして継承されるのか。チャリティショップでボランティアを当然のようにこなす大人（とりわけ家族）が街の中にふつうに存在する。こんな社会では、声を高めなくても弱者を助けるのは人が為すべき事だと若い世代にも自然に理解されていく。

ちなみにスウォンジーの駅前通りにチャリティショップは七軒あった。そして、すでに書いたように、このような店はイギリス全土に必ずある。

少々長くなったが、私は、一つの国に通い続ける事は、ピンポイントで人々の生きざまが鮮明に見えてくるのではないかと思っている。日本という国が今、完全にバランスを崩して疾走している様を毎日のニュースで見聞きする。そのたびにイギリスの生活風景を思い返し、私達の社会はどこで道を間違えたのか、どうしても考えてしまう。

そのあたりの事は、最近出版した『古くて豊かなイギリスの家　便利で貧しい日本の家』(大和書房刊)で詳しく掘り下げたつもりだ。

住宅から家族関係、はては暮らしまでもが消耗品になってしまった日本と、その対極のイギリス。拙著の中の一文をここで引用したい。

——イギリスでは都会でも僻地《へきち》でも古都でも統一された景観や街並みの中に脈々とつながる一本の価値観が見える。それがイギリスらしさであり、あの国がかもし出す個性なのだ。それを日本人は肯定し、暮らしの中にとり入れようとする。

「ああ、人間の暮らしは本来こうあるべきだったんだ」

私たちはイギリスを訪ね、イギリス人の暮らしに触れるたびにそう心の中で繰り返しつぶやくはずだ。

——イギリスと出会い、渡英を繰り返さずにはいられない私の本音はこれに尽きる。四十回以上イギリスに行っても、未踏の世界がまだまだあの国には残っている。今もってかの国なくしては、生活者としてのバランスが保てない私である。裏を返せば、どんなに日本が変わっていこうとも、私は決して変わらぬものをいつまでも求めていたいのだ。

本書をお読みになった方々とそんな思いが分かち合えればとても嬉しい。

最後になるが、ちくま文庫編集長の青木真次氏、快く解説を引き受けて下さった「中央公論」編集長の河野通和氏にはこの本の文庫化にあたりお世話になった。

意欲的に本や雑誌を作り続ける両氏には教えられる事が多かった。この場を借りて心からお礼を申し上げます。

平成十三年春　　井形慶子

# 解説「眠れぬ夜」に見る夢

河野通和

この作品の終章に、著者の引用している言葉がある。

「存在することは変わることであり、変わることは成熟することであり、成熟することは永遠に自分自身を創造していくことだ――アンリ・ベルクリン。最も重要なことは、常に興奮していることだ」

これは『道を見出す人々』という本の中にある一節らしいのだが、著者はここで自らの人生を顧みて、「常に興奮の連続だった」と書いている。

子供時代、家の裏山に上って広い原っぱを駆け回っていた頃の思い出に始まり、十代後半、大半の同級生が地元（長崎）に残るという道を選ぶなかで、東京の大学に進学。だが、それもほんの束の間で、「のんべんだらりとした周囲の大学生のペースに、いつもいいようのないあせりを感じて」単身ヨーロッパへと旅立つ。そこで本書のテーマであるイギリスとの出会いも経験するのだが、帰国後、大学は中退。ジャーナリズムの片隅で「大きな出版物やメディアの歯車として、あくせく走り回る」生活にどっぷりと浸る。そのなかで結婚、出産、そして離婚。

たしかにめまぐるしい「青春」を駆け抜けていく。だが、バツイチ・二歳の子持ちで、慢性過労のフリー編集者となった著者は、ある夜、突然の不安と孤独に襲われる。

「私はまだ二十五歳なのに、生きることに息切れし始めている。底無し沼のような暗い感情がツタのようにからまり始めている。いったい、これはどうしたことだろう」

「私があえて、一人になってまで勝ち取りたかった生活は、こんなものではなかったはずなのに。今の私には、そんな現状に打ち勝つ気力も意欲もない！」

「私は、また人を愛することができるのだろうか。いや、心底愛する何かに出会えるのだろうか。眠れないほどワクワクする計画をダイアリーに書き込む日が来るのだろうか」

そこで、彼女が自分を励ますために考えついた発奮材料。これが「ベビーを連れて女性が一人で海外へ旅立つことができるか」という〝ワクワク〟企画を、ある赤ちゃん雑誌に売り込むことだった。

結局、この企画は二つ返事でＯＫとなり、井形さんはイギリスへと旅立っていく。この間の経緯、そして本格的に始まった著者とイギリスとの付き合いは、この本の前作にあたる『いつかイギリスに暮らすわたし』に詳しく、そして生き生きと描かれている。是非併せてお読みいただきたい。

さて、彼女のスタイルを貫く特色は、常に目の高さがぶれないというところだ。イギリス社会を見るときも、そこに暮らす人々を描くときも、彼女ならではの視点が揺るぎなく存在している。それは「どうしたらもっと自分は幸せになれるのか」という祈りにも似た問いかけである。

このまなざしがとても強くて真摯なものだから、イギリスで出会う人々の描写がたいへん印象的である。前作に登場するみつ子さんと夫のジョージ、初めてめぐり合ったイギリス人の恋人リック、ロンドンで静かな生活を営む企業派遣の独身駐在員・水谷さん、真剣に結婚を考えることになるブライアン。本著のなかでは中国系イギリス人のマーチやオールドフォードの老夫婦、フィンドホーンのマリオン・リー、ブライアンとの後日談等々。

彼らは著者のなかにある強い発光体に呼応するかのように、愛情あふれた、とても人間的な現れ方をする。そして、著者はいつもそこで自問自答する。自分は彼らの愛に応えられるだけの人間なのだろうか。自分はいつになったら、彼らのような存在になれるのだろうか。

イギリスに触発されながら、彼女が目を向けているのは、まさに「自分」の内面に他ならない。物質的に豊かな日本に生まれ育ち、これといった不満もないはずなのに、何か自らのなかに本当の価値あるものの手応えが感じられない。どこかインチキくさくて信用できない。

おそらく同世代を生きているわれわれの誰しもが、多かれ少なかれ共通に抱えている悩みを、井形さんは愚直なまでに懸命に生きようとしている。この生真面目さこそが、彼女の天から授かった才能であり、志願して引き受けた使命ではないかと思えてくる。

個人的なことを書かせていただくと、私が井形さんと知り合ったのは、ほんの一年ほど前のことである。お互い雑誌編集者であるという縁に導かれてだった。間もなくして、「イギリス」が彼女にとって格別のテーマであることを知った。少し意外だった。だが、何事にも体当たりでチャレンジしていくバイタリティの塊と見えた井形さんのモチーフが、本書を通して少しずつだが、分かり始めた気がする。前著『いつかイギリスに暮らすわたし』の初々しさとともに、この本を読者にいとおしんでいただければと思う。

（こうの・みちかず　「中央公論」編集長）

本書は、一九九九年二月二十六日、株式会社ミスター・パートナーより
『イギリスに暮らすとき』の書名で刊行されたものの文庫化です。

いつかイギリスに暮らすわたし　井形慶子

失恋した時、仕事に疲れた時、いつも優しく抱きとめてくれたのは、安らぎの風景と確かな暮らしのあるイギリスだった。あなたも。（林信吾）

南の島に暮らす日本人たち　井形慶子

ミクロネシアの五つの島で出会った日本人達の夢と現実の素顔に迫り、自分自身を見つめ直していく、スピリチュアルな旅の物語。（星野正興）

ヨーロッパの不思議な町　巖谷國士

与えられた枠組をこえる自由な「体験」を誘い、既知の町を「不思議な町」に変えてしまう、魅力あふれる都市エッセイ。写真多数。（四方田犬彦）

アジアの不思議な町　巖谷國士

眼と感覚の驚きや未知の恍惚体験を求めて、中国・韓国・東南アジア・インドなどの「不思議な町」を生き生きと語る紀行文学。（中条省平）

ティータイムのその前に　磯淵猛

「あれ？　紅茶ってこんなに美味しかったんだ」秘伝のレシピの数々とイラスト入りのエッセイで、お茶の時間が待ち遠しくなります。

紅茶の国　紅茶の旅　磯淵猛

中国、スリランカそして英国…。何気なく口にしている紅茶のやってきた遥かな道をたどり、香りある風景をつづるティーエッセイ。イラスト多数。

ヨーロッパ　ワインの旅　宇田川悟

ワインの真実を知りたければ〈産地〉へ行こう。パリ在住の著者が、フランス各地はもとよりヨーロッパ中を取材した貴重な記録。（鹿島茂）

日本人をやめる方法　杉本良夫

日本って、そんなにイイ国なのだろうか？　海外生活20年の著者が、いろいろな社会の間に宙づりになるスリルをアナタだけに語る。（森毅）

ROADSIDE JAPAN 珍日本紀行　東日本編　都築響一

秘宝館。意味不明の資料館、テーマパーク…。路傍の奇跡ともいうべき全国の珍スポットを走り抜ける旅のガイド、東日本編一七六物件。

ROADSIDE JAPAN 珍日本紀行　西日本編　都築響一

蠟人形館。怪しい宗教スポット。町おこしの苦肉の策が生んだ妙な博物館。日本の、本当の秘境は君のすぐそばにある！　西日本編一六五物件。

旅好き、もの好き、暮らし好き　津田晴美

旅で得たものを生活に生かす。風景の中に「好き」を見つける。インテリアプランナーの視点から綴る、旅で見出す生活の精神。（沢野ひとし）

とびきり愉快なイギリス史　ジョン・ファーマン　尾崎寔訳

愉快な「とびきり」シリーズの一冊め。歴史上のエピソードをざっくばらんに笑いのめした、ユーモアと皮肉と愛情たっぷりのイギリス史。イラスト多数。

とびきり哀しいスコットランド史　フランク・レンウィック　小林章夫訳

タータンチェック、ウイスキー、ネッシー……おなじみの素朴なイメージの下に、ドロドロでおかしくてやがて哀しき歴史がある。（松村昌家）

とびきり陽気なヨーロッパ史　テランス・ディックス　尾崎寔監修／竹内理訳

この一冊でヨーロッパの全てがわかる?! 各国別の成績表までつけて、ユーモアたっぷりにコキおろす。複雑な歴史を楽しく学ぼう。イラストも笑えます。

ビアードさんのパンの本　ジェームズ・ビアード　根田春子訳

焼きたてのパンはおいしい！ 作るのも楽しい！ ビアードさんが世界中から集めたパン100種のレシピと食べ方教えます。イラストも満載。

ケルトの島・アイルランド　堀淳一

北の聖地アイルランド。霧のかなたにかすむケルトの島を、地図にまかせてそぞろ歩いた紀行エッセイ。著者自筆の地図が楽しい。（横山貞子）

世界お菓子紀行　森枝卓士

お菓子って何だろう？ ヨーロッパやアジアのお菓子を食べ歩き、お菓子と食事の違いについて考えた。カラー写真満載でお菓子を紹介。

食は東南アジアにあり　森枝卓士　星野龍夫

東南アジアの料理はうまい！ 日本で初めて主張した先駆的名著。東南アジア食文化案内と、日本で作るためのレシピの二部構成。カラー写真多数。

ヨーロッパ民族食図鑑　森枝卓士

バスク、ブルターニュ、シチリア……。土地土地で伝統の味、おふくろの味に出会った。各家庭で教わった料理をレシピ付で紹介。カラー写真多数。

アジア道楽紀行　森枝卓士

激安旅行ばかりじゃ能がない。たまには真っ当な大人の旅はいかが？ アジアを汽車や船で訪ねてみよう。カラー写真多数収録。文庫版オリジナル。

**ケルト妖精物語**　W・B・イエイツ編　井村君江編訳
群れなす妖精もいれば一人暮らしの妖精もいる。不思議な世界の住人達がいきいきと甦る。イエイツが贈るアイルランドの妖精譚の数々。

**ケルト幻想物語**　W・B・イエイツ編　井村君江編訳
魔女・妖精学者・悪魔・巨人・幽霊など、長い年月の間、アイルランドの人々と共に生き続けてきた超自然の生きものたちの物語。

**ケルトの薄明**　W・B・イエイツ　井村君江訳
無限なものへの憧れ。ケルトの哀しみ。イエイツ自身が実際に見たり聞いたりした、妖しくも美しい話ばかり40篇。（訳し下ろし）

**魔法使いの弟子**　ダンセイニ　荒俣宏訳
錬金術の神秘と、影を代償にした奇妙な取り引き、そしてスペイン黄金期のロマンスを織り合わせた長編ファンタジー。ケルトの〈黄昏の想像力〉。

**カンタベリ物語（上）**　G・チョーサー　西脇順三郎訳
カンタベリへ巡礼に行く道中、種々の身分、職業をもつ29人が話す物語。ぷろろぐ、騎士の話、粉屋の話、親分の話ほかを収める。（西脇順三郎）

**カンタベリ物語（下）**　G・チョーサー　西脇順三郎訳
14世紀英国の貴族から農民にいたる各階層の人々の、思想、風俗、人情を巡礼者たちの口を通して描く。郷士の話、牧師の話など。（西脇順三郎）

**オリヴァー・トゥイスト（上）**　C・ディケンズ　小池滋訳
救貧院生れの孤児オリヴァーは、葬儀屋サワベリーなどのもとを転々、残酷な仕打ちに会う。ついにロンドンに逃れたオリヴァーの行く手には？

**オリヴァー・トゥイスト（下）**　C・ディケンズ　小池滋訳
盗賊団の仲間に従って強盗に出かけた夜、重傷を負って置き去りにされたオリヴァーは、篤志なメイリー夫人に救われる。が、運命は二転三転……。

**クリスマス・ブックス**　C・ディケンズ　小池滋／松村昌家訳
ノンキでとぼけた語り口で繰り広げられる、クリスマスの物語二つ——「クリスマス・キャロル」と「鐘の音」。ジョン・リーチの幻想的な挿絵入り。（松村昌家）

**我らが共通の友（上）**　C・ディケンズ　間二郎訳
塵芥処理業の老人が莫大な遺産を残した。やがて相続人の死体がテムズに浮かぶ——。息もつかせぬディケンズ最後の完成作。新訳。（青木健）

**オンリー・イエスタデイ**　F・L・アレン　藤久ミネ訳

車、不動産ブーム、性の解放…。大量消費社会の輝かしい曙であった20年代の繁栄と終焉。現代日本が辿る道が浮かびあがってくる。（吉見俊哉）

**シンス・イエスタデイ**　F・L・アレン　藤久ミネ訳

最悪の経済不況のなか、ニューディール政策により復興の兆しが見えてきた。成熟へと向かう大衆社会の素顔に迫る名著完訳。（猿谷要）

**阿部定伝説**　七北数人編

稀代の妖婦として有名な阿部定とはどんな女だったのか。予審調書全文ほか貴重な資料を集成し、伝説の中の〝真実〟に迫る。（瀬戸内寂聴）

**ヤクザの世界**　青山光二

ヤクザ社会の真の姿とは――掟、作法や仁義、心情、適性、生活源……現役最長老の作家による、警察が参考にしたという名著！（山崎行雄）

**オモニの歌**　岩井好子

重い過去を背負いつつ識字学級に学ぶ在日朝鮮人オモニたち――彼女らの苦難の半生によって語り明かされる歴史の傷痕。（小沢有作）

**やくざと日本人**　猪野健治

やくざは、なぜ生まれたのか？　戦国末期の遊侠無頼から山口組まで、やくざの歴史、社会とのかかわりを、わかりやすく論じる。（鈴木邦男）

**やくざ戦後史**　猪野健治

なぜ流血は繰り返される!?　ヤミ市での抗争、政財界との癒着、取り締まり強化、山一抗争……。裏社会の知られざる姿に迫る！（李宇海）

**三代目山口組**　猪野健治

山口組の全国制覇を成し遂げた三代目・田岡一雄。事業への進出、政財界との関係、そして、抗争と和解、その軌跡をたどる。（山之内幸夫）

**厩舎物語**　大月隆寛

ゆったりと歩み、風のように駈ける馬に寄りそう仕事。厩舎に働き、暮らす人たちの知られざる姿をいきいきと描きだす！（北上次郎）

**昭和の企業**　大宅壮一　半藤一利編

復興・不況・高度成長をある者は生きぬき、ある者は敗れ去った。昭和の各企業の人と組織の本質を鋭い視線で射抜いた巨人・大宅壮一の傑作ルポ！

ちくま文庫

# ときどきイギリス暮らし

二〇〇一年四月一〇日　第一刷発行

著　者　井形慶子（いがた・けいこ）
発行者　菊池明郎
発行所　株式会社　筑摩書房
　東京都台東区蔵前二―五―三　〒一一一―八七五五
　振替〇〇一六〇―八―四一二三
装幀者　安野光雅
印刷所　株式会社精興社
製本所　株式会社鈴木製本所

ちくま文庫の定価はカバーに表示してあります。
乱丁・落丁本及びお問い合わせは左記へお願いいたします。
筑摩書房サービスセンター
埼玉県大宮市櫛引町二―六〇四　〒三三一―八五〇七
電話番号　〇四八―六五一―〇〇五三

ISBN 4-480-03626-1 C0195